高寶書版集團

生活勵志 073

格局，決定你的結局

48個讓人生正向發展的思考題

暢銷心靈作家 何權峰——著

改版序

格局不是成功的結果，而是成功的原因

當本書編輯發來電子郵件，要求我寫一篇新序，我的思緒立刻回到十年前剛任教學工作。那時我接觸的年輕人，常會有同樣的問題：自我價值低落、好逸惡勞、好高騖遠、關係不良、抗壓力差、對生活倦怠、對未來茫然困惑……一開始我以為「這就是現在小孩的問題」，但後來我發現到，抱持這樣的刻板印象是嚴重的錯誤。其實今天他們所經歷的，我們也曾經歷過。問題是，在學校課表裡沒有教這些，也沒有人告之如何面對，他們必須靠自己去嘗試、去理解，所以才會不斷犯錯，就像我們年輕時那樣。

一個人經過年歲增長，歷練多了，能逐漸領悟到。但是當你年過半百才有這樣的體會，代價是不是太大？若能早點知道並開始實踐，何必蹉跎歲月？這就是這本書的成型。

本書是「以終為始」，我寫這本書的概念是以此出發。因為十年以後的你，不是十年後決定的，而是今天的思言行所決定的——同一個事件，每個人想法不同，得到的經驗不一樣；同一個問題，採取的作為不同，最終結果也不一樣；同一個計畫，一個為明天做準備，另一個為未來十年做準備，結局當然不同。

為什麼同樣的起點卻會走向不同的終點？同樣的付出卻有不同的收穫？同樣的機會有人能抓住，有人卻沒有？同一個學校，年齡、成績都差不多的同學，取得的成就卻天差地別？

差距就在格局的大小。我們經常聽到：「格局決定結局」、「格局比能力更重要」、「格局有多大，成功就有多大。」原因就在這裡。格局不是成功的結果，而是成功的原因。

鍋的大小決定了餅的大小，船的大小決定了裝載貨物的多少。當一個人的視野局限，很難有大出息；心胸狹隘，看到的都是問題；愛計較得失，想到的都是雞毛蒜皮；總是把精力和時間都耗費在與小人的糾纏，結局就會跟他們一樣。

如果你已經夠努力，處境卻未見改變，問題多半是格局不夠。你的能力決定你能得到什麼，而你的格局，才是決定你最後能走到哪裡。若你心中從沒有想過到達頂峰，就永遠不可能抵達。

本書出版以來，收到許多迴響。不少讀者告訴我，這本書深深的觸動了他們的心、影響他們的生命。有許多學校拿來作為「讀後心得」作業，有些機關團體則列入「閱讀書單」，還有些人則在讀書會分享與討論。這樣的回應對一個作者來說，是最大的肯定，也是莫大的鼓舞。

在這手機橫行的時代，我真心希望年輕的朋友能多讀點書，不僅是因為閱讀是能提升能力最快的捷徑，也因長期閱讀會讓一個人的思想變得廣闊和深遠，從而眺望未來，天地一片遼闊，這即是所謂的「格局」，不是嗎？

自序

看一個人的結局，在格局

看一個人的身價，要看他的對手；看一個人的品格，要看他的好友。

看一個人是否好命，要看跟誰比；看一個人是不是人才，要看擺在哪裡。

看一個人能爬多高，要看根基多深；看一個人能裝進多少，要看他空掉多少。

看一個人有沒有自信，要看他是否真的相信；看一個人能否度過難關，要看他的人生觀。

看一個人是否達成願望，要看他能否克服欲望；看一個人能否成就大事，要看他是否注意小事。

看一個人是否成功，不是看他贏多少人，要看他成就多少人；看一個人的結局，要看他有多大格局。

想像你是一個杯子，你能裝多少水，了不起就這麼一小杯，對嗎？你拿一加侖的容器，就裝載一加侖的水。決定你接收多寡的，是你容器的大小，至於接收的內容是什麼並無差別。

不管是侮辱、批評、攻擊，或是得失、成敗，對一個心胸「開闊」、有「大器量」的人來說，就像一個大湖，如果你丟一根火把，它很快就會熄滅；你丟進一包鹽，很快就會被稀釋。

反過來，如果你把一大把鹽倒入一杯水中，這杯水能下嚥嗎？

當人遇到一點小問題、小困難，為什麼那麼容易生氣、挫敗、難以消受？沒錯，是因為格局太小。

宋朝蘇軾的〈後赤壁賦〉中有兩句話：「山高月小，水落石出。」在高山的反襯下月就變小了，當水落下石子就顯露出來。人不也一樣，當失意、山窮水盡時，最能顯露一個人的真實面貌──氣度變大，抱怨就變小；胸襟變寬，路就變廣；格局夠大，問題就消失不見。

有個國王在牆上畫了一條線，他問身邊的智者說，誰能在不碰觸線的情況下，讓這條線變小一點。

所有人都覺得很困惑，他們認為那是不可能的！

然後其中一位智者走到牆邊，畫了一條比較大的線在旁邊，那條較大的線並沒有觸碰到原來那條線，但當那條較大的線被畫出來時，第一條線就變小了。

山高，讓你感覺到月小，但其實月並未變小，還是一樣大；水枯，讓石頭露出較多，但其實石頭並未移動，還是保持穩定。不管遇到任何難題，你還是你。

人生的局面在你怎麼看自己；在你所認識的人；在你說的每句話；在你給人的感覺；在你做事的態度；在你經歷的遭遇；在你的每個念頭；在你的所作所為。你需要的只是「畫出一條更長的線」。

箭，本身沒有勁道，可是放在拉滿的弓上射出去，就可以射得很遠；湖水看起來是靜止的，讓它決堤往谷底一瀉下，就石破天驚。看一個人的結局，就在格局。

目錄

改版序　格局不是成功的結果，而是成功的原因　002
自　序　看一個人的結局，在格局　005

Part 1
你怎麼看自己

01 發現自己的「天才」　016
02 你看重什麼，什麼就有價值　020
03 全然接受這樣的我　025
04 人是不能拿來比較的　030
05 你是否把自己放對位置？　034
06 格局，決定一個人的結局　039

Part 2

你所認識的人

07 也許你該換的是朋友 046
08 要看自己的背，而不是讓人狼狽 050
09 你的情緒是自己的，還是別人的 054
10 多連結，不打死結 058
11 不管你抱怨誰，罵的都是自己 062
12 你的情感帳戶存了多少？ 066

Part 3

你說的每句話

13 你說別人的話，其實是在說自己 072
14 口是門，應該把它關好 076

15 你也是催眠師 080
16 你說的，就是你所求的 084
17 我在你面前很想當一個淑女 089
18 多灑香水，少潑冷水 094

Part 4
你給人的感覺

19 你的表情和語調 100
20 只有夠強的人才能弱 105
21 行得直，坐得正 109
22 會說話的人，必然是聽話高手 114
23 空杯心態 118
24 沒有所謂的理所當然 123

Part 5

你做事的態度

25 用願望克服欲望 130
26 你的時間用在哪裡，成就就在哪裡 134
27 只差一點，天壤之別 138
28 一切從基礎做起 142
29 以一個可見的目標點燃熱情 146
30 我不是不會，只是還沒學會 150

Part 6

你經歷的遭遇

31 要轉頭，不要回頭 156
32 天下沒白受的苦 160

33 阻止你的，也是讓你起飛的 165
34 你會得到需要的，而不是想要的 169
35 你要接刀刃，還是抓刀柄？ 173
36 相信自己，希望就在不遠的地方 178

Part 7

你的每個念頭

37 每一個經驗都是從想法開始的 184
38 信·則·靈 188
39 我就知道會發生這種事 192
40 你看著哪裡，就會往哪裡去 197
41 與其忙著除草，還不如種花 201
42 對，我會登上梅特隆山的北麓 206

Part 8 你的所作所為

43 習慣不是造就你，就是毀掉你 212
44 你只需要彎一次腰 216
45 再往下想一點 220
46 最好的介紹信 225
47 這就是你和他們之間最大的差別 229
48 你給出什麼，就回來什麼 233

Part 1

你怎麼看自己

假設我們種一棵榕樹，
很細心地將它種在小盆子裡，
每天小心翼翼地看顧，用心去澆灌、施肥，
但過了五年、十年甚至二十年，
這棵榕樹還是長不大，為什麼？
因為它的生長範圍就只能在小盆子裡。

如果我們將這棵榕樹種植在大地上呢？是不是完全不同？

01／發現自己的「天才」

你怎麼看自己？

如果我告訴你，是由別人決定的，你相不相信？

自我是來自別人的看法，其次是自己內在的主觀認定，但這認定往往也受別人的影響。

有個父親在指導兒子打棒球，在一連幾次揮棒落空後，爸爸對十二歲的兒子說：「拜託，這種球連幼稚園小孩都打得到。」

一位媽媽指著女兒的房間說：「妳表妹總是把房間收拾得乾乾淨淨，妳為什麼不能？」女兒說：「好啦，我待會兒收。」媽媽說：「才怪！妳只會光說不練。」

他們講了什麼？他們說你很邋遢；說你腦筋轉得快；說你穿裙子好看；說你身材像水梨；說你反應遲鈍……，你持續地在收集這些意見，形成了你對自己的看法。

自己都不清楚的人，又怎麼能夠瞭解你？

你很可能也有同樣的經驗，就是在那些不設防的時刻，某人出其不意的一句傷害或讚賞的話，被你接受成為自我形象的一部分。

我認識一位女性，她少女時穿了件有蕾絲花邊的洋裝，大家都說美呆了。如今，年過七十歲的她還經常這麼穿。

反過來，假如你有個老愛批評、貶低你的親友、師長、老闆或男女朋友，不用多久，你可能就會開始透過他們的眼睛來看自己，然後真的表現得如他們所說的一樣。

十歲時，我因上課心不在焉，被叫起來問話，結果一問三不知，老師當全班同學的面，毫不留情地罵道：「那麼簡單的問題都不會，真是笨蛋！」說也奇怪，此後我真的開始變笨，就連很簡單的問題也不會。

還好後來我慢慢發現自己的「天才」，有了新的自我形象，才把這張「標籤」撕下。

你對自己有哪些負面印象？笨、討厭、幼稚、害羞、膽小、沒人愛、罪惡感、沒運動細胞、手藝不好……；是在什麼時候、在哪裡，是如何深植你心的呢？是被誰灌輸的呢？好好地、仔細地想一想。

為什麼要聽別人的呢？這些人很可能也是從別人那裡得到對自己的概念，像這樣連自己都不清楚的人，又怎麼能夠了解你？

鳥可以飛過你的頭頂，但牠不能在你頭上築巢

保羅・塞尚是法國著名的畫家。有一次，他和朋友談論自己早期的經歷，以及他獲得藝術成就的過程。

塞尚說：「我一生下來就是個奇蹟。」

朋友問：「為什麼這樣說呢？」

塞尚笑道：「從我生下來那天起，所有的人都認定，如果我將來能成為了不起的人的話，那一定是個奇蹟。」

說得好！

任何鳥都可以飛過你的頭頂，但牠能不能在你頭上築巢，全憑你自己決定——你也可以創造自己的奇蹟。

醒腦哲學！

蘇俄小說兼劇作家，安東．柴可夫說：「人是自己認為的樣子。」你向世人所呈現的，正是你內在的感受。

只可惜我們對自己的看法與其說是我們的感受，倒不如說是別人對我們的感受。

那該怎麼辦？你可以下決心並清楚描繪出你最想成為的理想人物的形象。

決定了新的自我形象，也決定了你認為自己是什麼、會做什麼，以及你能變成什麼。

你可以在筆記本或空白卡片上寫下來：「如果我就是這樣的人，我會怎麼思考、說話，會有什麼樣的行為。」現在就開始做吧！

02／你看重什麼，什麼就有價值

你是否曾被別人貶損的話弄得自慚形穢？是否沒得到某人的重視、讚賞而心情低落？或是因愛人移情別戀，就覺得自己一文不值？

如果你答「是」的話，就表示你還不懂得自己的價值。

舉例來說，如果你年薪高達五百萬元，被人拿走五百元時，你不會心情低落，可能自認倒楣就算了。但如果你只有五百元，結果被人拿走五百元，你的反應自然大不同；這個人等於拿走你全部的財產，你當然會氣憤難過。

同樣的，有自我價值的人不會因為別人的看法而否定自己，不會因為不被肯定而感到情緒低落，或是因為得不到某人喜愛，就覺得自己一文不值、一無是處。

她選擇西瓜，並不表示葡萄就不好

幾天前，我的一個學弟向我談起女友移情別戀的痛苦往事。「我聽說他們快結婚了，我真的很沒用……」我明白地告訴他，誰要跟誰在一起，都是自己的選擇，跟你並沒有直接關係。

然而他一直認為，如果他能找到更好的工作、賺更多錢，女友就會是「他的」。我同意，不同的人自然會吸引不同的對象，但是，沒被選擇並不代表就是不好。「就好像有人喜歡葡萄，有人喜歡西瓜，」我舉例說：「如果你的女友選擇西瓜，並不代表葡萄就不好。」

「是啊，那當然。」

「那你應該知道，她選擇別人並不表示你沒有價值。」

如果你是名牌，你會因為別人嫌你賣得貴，就塗改「標價」，或是有人不想買，就變不值錢嗎？

自我價值不是別人的評價

我想起一則改編的故事。有個生長在孤兒院的小男孩，常常悲觀地問院長：「像我這樣沒人要的孩子，在這世上有什麼價值呢？」院長笑而不答。

一天，院長交給男孩一塊美麗的石頭，說：「明天早上，你拿這塊石頭到市場上去賣，記住，無論別人出多少錢，都絕對不能賣。」

第二天，男孩拿著石頭蹲在市場的角落，有不少好奇的人對他的石頭感興趣，而且價格越出越高。回到院內，男孩興奮地向院長報告，院長笑笑，要他明天拿到黃金市場去賣。在黃金市場上，有人出比昨天高十倍的價格來買這塊石頭。

最後，院長叫孩子把石頭拿到寶石市場去展示，結果石頭的身價又漲了十倍，且因為男孩怎麼都不肯賣，竟被大家傳為「稀世珍寶」。

男孩興沖沖地捧著石頭回到孤兒院，把這一切告訴院長，並問為什麼會這樣？院長望著孩子慢慢說道：「人的價值就像這塊石頭，在不同的環境下就有不同的價值。你不也像一塊石頭嗎？只要自己看重自己、自我珍惜，生命就有價值。」

鑽石、黃金、珠寶都是石頭，他們跟地上的石頭有什麼不同？其實，價值都是人訂的，小孩可以把一顆漂亮的小石頭當珍寶；大富豪比爾．蓋茲即使可以買下一卡車的寶石，但他若不喜歡、不重視，那些寶石也就沒什麼價值。

明白了嗎？自我價值是由自己決定，而不是別人的評價，或是把別人的價值當自己的。

醒腦哲學！

當你談戀愛時，你非常珍惜那個人，隔一陣子你不再喜歡對方了；你不再像以往那麼重視對方，你重視的或許是另一個人了。你所愛的人變差了嗎？不一定，甚至根本沒變。

或許你本來很喜歡貓，現在卻喜歡狗。是什麼改變了牠們的價值？很顯然，價值是來自你的選擇；你看重的是什麼，什麼就有價值。這就是自我價值。

03／全然接受這樣的我

一般人多多少少都不怎麼滿意自己的外表。對你來說，不滿意的地方有哪些呢？身高、膚色、鼻子、腿部、腹部、胸部，還是你覺得自己太胖？大多數人只要有一、兩項不滿意，就會貶低自己的價值。很少人會這樣告訴自己：「這就是我，我長得就是這樣！」反而會花費無數的時間和金錢，設法讓自己看起來和某個明星一樣。

當然，努力讓自己看起來漂亮並不是壞事。不好的地方在於：有些人會以外貌、穿著打扮做為自我評價的標準。人們甘受媒體操縱影響，將媒體認為「美麗的」尺度加諸在自己身上，來評斷自己或對別人品頭論足。在這樣的情境下，對自己感到不滿也就不足為奇了。

不是別人的攻訐，而是自我的折磨

「我已經厭倦為了讓自己變得更瘦、穿得最潮、或是畫最時尚的妝，而拚命努力。」有位讀著寫信告訴我：「我想要人們因為我是我、因為我的內在而喜歡我。」

有個女生在青春期時，母親總對她說：「如果妳瘦下來，就會很美」、「如果你青春痘少一點，就會很美」、「如果你頭髮留長一點，就會真的很美」。等到了二十幾歲，這個年輕女孩回道：「我本來就很美。」當場令母親啞口無言。

覺得自己很美，並不代表自戀，這和一般人的想法大相逕庭；反倒是那些對自己外表不滿意的人，才會過分把注意力集中在自己身上。

想想，既然上天給我們不同的外表，而這外表就是你我的特色，也就是「你之所以為你」的原因。為什麼不大方接受呢？

不管有多少缺點，我就是我

有一個年輕人，他臉上有一塊巨大而醜陋的胎記。紫紅的胎記從他臉上豎著劃一刀，英俊的臉因而變得猙獰嚇人。

但外表的缺陷掩蓋不了這位年輕人友善、幽默、積極向上的性格，凡是和他交往過的人，都會不由自主地喜歡上他。

他經常去演講。剛開始，觀眾的表情總是驚訝、恐懼，但等他講完，人人都心悅誠服，場下掌聲雷動。

一次，有位觀眾向他提出了心裡埋藏已久的疑問：「你是怎麼應付那塊胎記的呢？」言下之意是：你是怎麼克服那塊胎記帶給你的尷尬和自卑的？

他說：「應付？我向來以它為榮！很小的時候，我父親告訴我：『兒子，你出生前，我向上帝禱告，請他賜給我一個與眾不同的孩子，於是上帝給了你特殊的才能，還讓天使給你做了記號。你臉上的標記就是天使吻過的痕跡，他這樣做是為了讓我在人群中一下子就能找到你。當你和別的嬰兒一起睡在嬰兒室時，我也能立刻知道，你是我的！』」

他接著說：「小時候，父親一有機會就講這個故事給我聽，所以我對自己的好運深信不疑，甚至為那些臉上沒有紅色『吻痕』的孩子感到難過。我當時以為，陌生人的驚訝是出於羨慕，於是我更加積極努力，生怕浪費上帝給我的特殊才能。長大以後，我依然覺得我父親沒有騙我；每個人都會從上帝那裡得到特殊的才能，而每個孩子對父母來說都是與眾不同的。正因為有了那塊胎記，我才會不斷奮鬥，取得今天的成績，它何嘗不是天使的吻痕、幸福的標記呢！」

是啊！不管有多少缺點，我就是我，我不可能成為別人。不論媒體怎麼變，有自信的人最美，那是不變的。我們要學習的是「把缺點當特色」，自然地展現自己特有的風格，而不是把心力放在身體的「小瑕疵」上。

醒腦哲學！

許多壓力的來源並不是別人的攻訐，而是自我的折磨。

你竟是自己的敵人，你從來不接受自己本來的模樣，這多麼令人驚訝；你期待別人喜歡你，而你卻不喜歡你自己。

有「人文學者的君王」之稱的伊拉斯莫斯（Desiderius Erasmus）說過：「能享有快樂幸福的主要原因在於，承認和面對『你就是你』這個事實。」

試想，如果你無法完全地接受自己，又怎能期待別人來接受你？如果你對自己不滿，又如何過著美滿的生活？

04／人是不能拿來比較的

你曾覺得自卑或矮人一截嗎？若是的話，仔細想想：你是在和誰比？是那些看來漂亮、聰明或有才藝的人，對嗎？

假如你喜歡跟人比，你將很難快樂。隨便拿起一本雜誌，你就會看到有人比你有錢、比你苗條、比你時尚。看看你身邊，總有人看起來比你有自信、比你有才華、比你成功、擁有比你更多……。如果你持續比較的話，你注定是挫折的。

就好像當你走進果園，經過一棵很高的椰子樹，如果你拿它和自己比，你就會覺得自己好矮；但如果你不比較的話，便能單純享受它，而不會有任何問題。椰子樹確實很高大，那又怎麼樣呢？你認為蘋果樹會因為椰子樹長得比它高而覺得難過嗎？

椰子長得高，蘋果漂亮香甜；每個人都有所長，也有所短。短跑的高手，不見得能長跑，會登山的不見得會潛水，有漂亮臉蛋的不見得有靈活矯健的身手。每個人天賦不同，是不能拿來一起比較的。

你在羨慕別人，或許別人也在羨慕你

一隻嬌小的麻雀停在動物園的大樹枝上，看到一隻孔雀正在展開美麗的翅膀，麻雀想到自己是如此的平凡庸俗，不禁感到自卑。

到了晚上，麻雀做了一個夢，夢裡牠變成了美麗的孔雀，正在展開美麗翅膀的同時，樹後的野狼竟伺機撲來，牠立刻舞動翅膀急切地想逃脫，卻發現自己飛不起來。

麻雀驚醒過來，幸好，只是一場惡夢罷了。

當牠早上飛到高山上覓食時，又看見一隻老鷹飛得又快又高，威風凜凜，氣勢浩然，牠覺得比起老鷹，自己實在太渺小了。

到了晚上，麻雀又做了一個夢，夢到自己變成了老鷹，翱翔在天空中，可是，以往的朋友卻離牠遠遠的，不敢與牠為伍，深怕被牠一口吞進肚裡。

麻雀次日早晨醒來，看看自己還是麻雀的身體，想起孔雀的絢麗風采、老鷹的威風凜凜，但這些都不適合自己的生活方式，還是當個自由自在的麻雀最幸福。

你在羨慕某人比你聰明、比你會畫圖的時候，或許他也正在羨慕你比他歌喉好、跑得比他快呢！如果浪費生命在比較、在尋找自己所缺少的東西，就永遠不會對已經擁有的事物感恩。

試想，如果一隻鴨子想跟小鳥一樣飛上枝頭；一隻雞想跟鴨子比游泳，又怎麼可能快樂？

醒腦哲學！

與別人相比是沒意義的，你應該跟自己比，看自己是不是盡力了？是否做到最好的自己？

人們常會問：「哪一種水果最好？」答案是：「每種都好，水果沙拉裡的每種水果若能保持自己的風味，整盤沙拉將會特別可口。」

05／你是否把自己放對位置？

一支巧克力冰淇淋，含在嘴裡，感覺津津有味，然而如果有人不小心，把它倒在你衣服上，你就會覺得噁心。

一雙珍貴的喬登球鞋穿在腳上，會讓你高興，但要是有人將那雙鞋擺在你用餐的桌子上，你就會不高興地說：髒死了！

可見美好的東西，要是放錯了地方，也會被人厭惡。

寶物放錯地方變成廢物

曾讀過一則故事：某座城鎮的人口並不是很多，相對的商店也少；而這些商店的老闆想請到好員工並不容易。有一天，開速食店的老闆，跟開清潔公司的老闆在路上巧遇，聊了起來。

速食店老闆說：「我最近很倒楣，請到一個很差勁的員工。他反應、做事都很慢，只要客人一多，他就慌慌張張，不知如何是好。好幾次客人等得不耐煩，破口大罵，害我只能一一賠不是，所以不到兩個月，我就把他開除了！」

清潔公司老闆則說：「聽你這麼說，我覺得自己的運氣真是好極了！我最近遇到一位很優秀的員工，他做事非常細心，任何小地方亂了、髒了，都逃不過他的眼睛，所以許多顧客都指名要他打掃，讓我多賺了不少錢！」

說到這裡，清潔公司老闆頓了頓：「對了！我聽說他上一份工作就是在你的速食店呢！」

速食店老闆連忙問：「真的嗎？他叫什麼名字？」

清潔公司老闆說出名字後，速食店老闆愣住了。原來，他們口中「最差勁的員工」與「最優秀的員工」，根本就是同一個人！

我也聽過，有個女生剛從大學商學院畢業，很順利地進入某家私人公司做公關，然而，幾年下來，她卻做得很不順心。原因是她太過敏感了，別人一句不經意的話，都讓她耿耿於懷，這個缺點讓她在從事公關工作時，感到非常挫折和痛苦。

某個星期天，本身是基督徒的她沮喪地來到教會聚會，將一肚子苦水一股腦兒地全向牧師傾吐，牧師忽然靈光一閃，說：「既然你對細節這樣敏銳，何不改行做會計呢？別做公關了，不妨試試管帳吧！」

她想想覺得有理，便花了幾個月的時間，把過去所學的財務專業加以溫習，幾個月後，她主動申請調到會計部門。果然，她那個過度敏感的「缺點」在會計部門反而如魚得水。自此，不再有同事說她不稱職，主管還稱讚她「很細心」，是個不可多得的好人才！

放對位置，你也是「可造之材」

可不是嗎？同樣的一杯咖啡，放在便利商店，價值二十元，放在五星級酒店就變兩百元，端看你擺在哪裡。神經質，放對地方就變成細心敏銳；急性子，放對地方就變成積極進取；慢郎中，放對地方就變成慢條斯理……。

那些有傑出成就的人，就是因為他們知道把精力放在自己最擅長的地方；同樣的，許多人會失敗，也不是因為能力差、努力不夠，而是放錯地方，以至於無法發揮所長。富蘭克林說：「寶物放錯地方便是廢物。」就是這個意思。

人生，永遠會有「其他的可能」。一塊地，不適合種麥子，可以試試種豆子，豆子大了可以拿去賣，如果賣不完，就拿回家澆水讓豆子發芽變豆芽；豆芽賣不完，就讓它再長大些，變成豆苗；豆苗賣不完，就讓它再長大些，移植到花盆裡，當作盆景來賣；盆景賣不完，就把它移植到泥土裡，讓它生長，結出許多新豆子，把幾顆豆子變成千上萬顆豆子。

這世上沒有一個人是沒用的，只要你能找到自己的天賦、選對舞臺，你也是「可造之材」。

醒腦哲學！

每個人在出生時都被賦予了一項禮物：一個特別的優勢或才能。而我們的任務便是去發現、培養及善用它。

如果你找不到，可以問問朋友或親近的人。

如果你不確定，可以回想一下，在過去的生活中，有哪些事情讓你樂在其中？想想看，你曾經做什麼事情做到渾然忘我，甚至在眾人都不為所動時，你仍然陶醉其中？

不然就想想你最感興趣的是什麼？最擅長的是什麼？是運動、唱歌，善於交際，還是工作能力很強？不管你擅長的是什麼，這就是你的天賦，是上天給你的禮物。

天賦就像一張支票，除非把它兌現，否則毫無價值。

06／格局，決定一個人的結局

安東尼．羅賓曾講過這樣一個故事：許多年前，重量級拳王吉姆在例行訓練途中看見一個漁夫正將一條條魚往上拉。吉姆注意到，那漁夫總是將大魚放回去，只留下小魚。吉姆好奇地上前問那個漁夫為什麼只留下小魚，放掉大魚？

漁夫答道：「老天，我真不願意這麼做，但我別無選擇，因為我只有一個小鍋子。」

我們常聽人家說：「我只有高中學歷」、「我只有這麼一點錢」或是「我只是個看門的」、「我只是個普通學生」、「我不過是個家庭主婦」之類的話，這就像這漁夫一樣，我發現人們很難突破現況，往往不是因為實力不夠，而是在心理上也有個「小鍋子」。我們常默認一個「不可跨越」的門檻，將自己局限住了，以至於停滯不前。

只要有心，沒有什麼是不可能

假設我們種一棵榕樹，很細心地將它種在小盆子裡，每天小心翼翼地看顧，用心去澆灌、施肥，但過了五年、十年甚至二十年，這棵榕樹還是長不大，為什麼？因為它的生長範圍就只能在小盆子裡。

如果我們將這棵榕樹種植在大地上呢？是不是完全不同？

一棵大樹，大到可以讓人們在底下乘涼的大樹，也是從一粒種子生長出來的。種子就是樹木，只不過是尚未顯示出來的大樹，所以不要認為種子很小、不重要，同樣的，也不要小看自己的潛能，它就在我們心裡。當我們相信，跨出信心的步伐伸展自己，就能像根植大地的樹木一樣，突破限制，更上一層樓。

到研訓所上課時，學員們都踴躍發表「心得」，我曾聽過很富啟發性的一句話：「人們常說世界上最寬廣的東西是海洋，但天空卻比它更遼闊，其實世界上最遼闊的，是我的心。」是啊，只要有心，沒有什麼是不可能的！

人生不設限，成功無上限

我想起一則故事，是關於小鷹們最重要的一天：牠們準備要離巢單飛。大老鷹描述他的歷險故事時，一窩小鷹頻頻插嘴。

「我能飛多遠？」有隻小鷹問。

「你能看多遠？」大老鷹回答。

「我能飛多高？」小鷹又問。

「你能展翅多寬？」老鷹回問。

「我能飛多久？」小鷹繼續問。

「地平線有多遠？」老鷹反問。

「我能有多少成就？」小鷹問。

「你有多少信念？」老鷹問。

小鷹對這個對話遊戲感到不耐，帶著質問的口氣說：「你為什麼不回答我的問題？」

「我有啊。」

「是有，但你用問題來回答。」

「我盡我所能地回答你的問題了。」
「不過你是大老鷹，你應該什麼事都知道。如果連你都不能回答這些問題，又有誰能回答？」
「你。」睿智的老鷹很篤定。
「我？怎麼可能？」小鷹一頭霧水。
「沒有人能告訴你飛多高或成就多少，每隻鷹的答案都不一樣，只有你自己能決定。」
小鷹很困惑，又問：「我該怎麼辦？」
老鷹望了望天空回答道：「望著地平線，展開雙翅，飛吧！」
嘆氣是最浪費時間的事情；哭泣是最浪費力氣的行徑。為什麼不爭氣？
林肯有句名言：「噴泉的高度不會超過它的源頭，一個人的成就也是如此，絕不會超過自己的信念。」
懂得放下心中的「不可能」，才能釋放生命的「無限可能」。

醒腦哲學！

拿破崙．希爾說過：「你生命中唯一的限制，是你心中為自己所設的限制。」那些相信自己能做到和那些相信自己做不到的人，都沒有錯。

人生就像大海，大海多麼豐裕，而海中所蘊藏的，人人都可以得到，就看你手中拿著怎樣的器具盛載。

如果你只拿一個小鍋子，如何能抱怨海洋吝嗇呢？

Part 2

你所認識的人

我們與認識的每個人之間都有一個戶頭，
在這個帳戶裡，通常都是你欠我、我欠你的，
如果一方欠得多，關係就會有危機。
反之，裡面的存款越多，關係就越穩固，
即使偶爾發生狀況而支領，也不至於因此透支。
這戶頭就是「情感帳戶」。
如同銀行戶頭一樣，它可以存款與提款；
每次我們與人互動，若不是在儲蓄，就是在提領。

07／也許你該換的是朋友

碰過花的手會有香味，碰過魚的手會有腥味，朋友之間的影響力也是如此，你跟什麼樣的人在一起久了，就會變成什麼。所以，千萬要注意你交往的對象。

我們一直持續受到周遭人的影響，這是人們很少意識到的事實。和勤奮的人在一起，你不會懶惰；和積極的人同行，你不會消沉；和有遠大理想的人在一起，你不會輕言放棄；與高人為伍，你能高人一等。你的命運決定於你交往的對象，在於你選擇的朋友。

與狗躺在一起，就會有跳蚤

假如你希望自己更好的話，你的朋友一定要比你更優秀，因為只有他們可以分享給你他們成功的祕訣。若老是跟同一群人做同類的事，你的成長是有限的。

若你希望自己有好的人生態度，就要跟積極的人在一起，因為當你遇到挫折、感到消極的時候，看到他們如何面對困難、面對挑戰，你的行為思想就會被他們影響。就像海倫．凱勒和蘇利文；愛因斯坦與史懷哲；愛迪生與福特；甘地、泰戈爾與蒙特梭利；諾貝爾與法國作家雨果。他們都是互相成長的夥伴，傳為美談。

如果你希望更有決心，你必須跟有行動力的人在一起。若你本身是一個很積極的人，卻經常跟消極的人在一起，也會變消極；你會發現悲觀是會傳染的。

有一則寓言故事是這麼說的：有一天，一個人在路旁發現了一堆芳香的泥土，他如獲至寶般地把它帶回家，一時間滿室生香。那人問泥土：「你是價值連城的寶貝嗎？」泥土回答說：「我只是一堆普通的泥土罷了。」那人又問：「你為何有這麼濃郁的香味呢？」泥土笑了笑，答道：「其實並不值得驚訝，我只是和玫瑰相處過一段時間罷了！」

與玫瑰在一起久了，也會沾到花香；與狗躺在一起，就會有跳蚤。你不能成天與負面的人攪和在一起，還指望能活出正面的生活；你也不可能終日與一群頹廢的人相處，卻又保持奮發進取的態度。

和不一樣的人在一起，才會有不一樣的人生

作家吉姆．羅恩是對的，他說：「你最常往來的五個人，其平均值就是你。」

你去注意一下，那些常抽菸、喝酒、賭博、愛玩樂的人，周遭必定也有一群這樣的朋友。如果你問年輕的受刑人第一次吸毒或犯罪是跟誰一起，答案總是千篇一律：「我和朋友一起。」很多在鐵窗裡懺悔的罪犯，都是從交錯朋友開始的。

現在，請仔細思考一下自己目前的朋友有哪些，他們是在幫助你往前，還是讓你往後退？他們引發出你的良善，還是邪惡？如果是後者，勸你還是少來往為妙。

有一次汽車大王亨利．福特在家餐廳裡被問道：「你最好的朋友是誰？」福特想了一下，然後拿出他的筆，在桌巾上寫下大大的字：「引導出你最好一面的人便是你最好的朋友。」

你想改頭換面嗎？也許你該換的是朋友。沒錯，只有和不一樣的人在一起，才會有不一樣的人生！

醒腦哲學！

大文豪塞萬提斯說：「將你同伴的行為告訴我，我就能告訴你，你是個怎麼樣的人。」

觀其友而知其人。只需看一個人結交哪一類的朋友，就可以知道他是什麼樣的人；反過來說，只要看經常和你來往的人，也可以看出你是怎樣的人。

如果你的朋友都很優秀，你必定也不差；如果你的朋友都做一些雞鳴狗盜的事，那你絕對也不是什麼正派的人。你的朋友是一面鏡子，可以顯示出你是什麼樣的人。

08／要看自己的背，而不是讓人狼狽

據說希臘神話中的天神普羅米修斯（Prometheus）造人的時候，在人的脖子上掛了兩個袋子，一個袋子裝別人的缺點，掛在身前，另一個裝自己的缺點，掛在身後，所以人很容易看到別人的缺點，而看不到自己的。

我們都需要有人告知缺失，讓我們看見自己需要改進之處。但遺憾的是，多數批評的本意並非出於善意；並非是要造就人，而是常常試圖蓄意傷人。

大家對這種人應該都不陌生，他們喜歡滅他人威風來長自己志氣。他們可能刻意貶低你，對你說些譏諷、刻薄、傲慢的話，或對你漫不經心，目的都是想藉此提升自己的價值。

果實纍纍的樹必會有人拿石頭丟

如果你得到賞識，受到眾人肯定，不要訝異批評者會從四處冒出來。你越成功發達，就會遇到越多這樣的人。我聽說馬修布拉在華爾街美國國際公司擔任總裁時，有人問他是否對別人的批評很敏感？他回答：

「是的，我過去曾經對這種事非常敏感，因為當時我極力想讓公司裡的每一個人都認為我非常完美，只要有人不這麼想，我就會覺得憂慮。某個人對我有怨言，我就想辦法取悅他，可是我討好了他，又會讓另一個人生氣，然後等我想滿足這個人時，又會惹惱其他人。最後，我發現，我越想討好別人，就越招來批評，就讓「敵人」變得更多。於是我對自己說：『只要你超群出眾，就一定會受到批評，所以還是趁早習慣吧。』從此，我盡自己最大的能力做所有的事，且不再管任何批評。」

不如去問電線杆對狗有什麼看法

像馬修布拉一樣，年輕時的我，有時也會讓自己深受別人批評的折磨，直到有一天我請益一位外交官朋友，他說：「問我對批評的看法，還不如去問電線杆對狗有什麼看法。」真是一語道破！批評反映出批評者的程度，更甚於反映受批評的人。

此後，每當有人給予我評論，我會先去了解，他的話是建設性的，還是破壞性的，建設性的批評是有用的，破壞性的則會讓人覺得自己沒用。更進一步說，前者可以幫我看清自己，後者讓我看清對方是怎樣的人。狗會對電線杆撒尿，這有什麼好懷疑，或值得生氣的呢？

你怎麼看待批評，就看你想看到自己的背，還是想讓人狼狽。

醒腦哲學！

別人對你說什麼，只是反映了他們是怎樣的人。他們的批評很可能是因為他們對自己不滿，或者他們就是自己所批評的「那種人」。

相反的，每當受到批評，你會氣憤、會去反擊，那也反映了你的自我認知，任何讓你受傷的也是你對自己的批評。

所以你要問的是，你的內在是否有一個部分在批評自己？在你放掉對自己的批評後，你將較少感覺到別人的批評；當你看清它們跟你無關，你就不會受到影響。

09／你的情緒是自己的，還是別人的

「那個人為什麼用那種態度對我？為什麼對我說那些話？」你胡思亂想：「我是不是做錯什麼？還是哪裡得罪他？……」

很多時候，別人對我們發脾氣、態度惡劣、言語刻薄，錯並不在我們，它所反映的只是對方目前的情況。就像有時我們的朋友和所愛的人會在沒有明顯理由的情況下攻擊我們，對我們挑剔、發怒或喋喋不休。事後當我們詢問他們原因時，他們會說：「對不起，我今天在辦公室受了一肚子氣。」我們都有過這種經驗，心情不好的時候，即便一點小事也會觸怒我們。當然啦，即使了解了其中的緣故，要忍住怒氣不動心還是很難，我們依然會感到不平和委屈。「他憑什麼這樣對我！」你可能會說：「為什麼我不該回嘴？為什麼我不該生氣？」或許吧，但真正損失的是你；是你會失去平衡，是你會失去平靜，是你在浪費生命。

瘋狗會亂咬人，但人不會去咬狗

某天，有位心理醫師跟他的朋友在散步，他的病人——一個瘋子，衝過來從背後重重地打他。那個心理醫師搖晃了一下，倒在地上，而那個人立刻逃走了。之後心理醫師站起來、整理一下衣服，繼續往前走。

他的朋友感到很驚訝，問說：「你不想採取什麼行動？難道這樣就算了嗎？」

那個心理醫師只說了一句：「這是『他的』問題。」

各位有聽懂嗎？那個重擊是「瘋子有問題」，而不是「心理醫師的問題」。同樣的情形，如果有人打擊你，那是「他的」問題；如果有人辱罵你，那是「他的」問題；如果有人亂來，那還是「他的」問題。就像有位動物管理員說的：「即使成天處在怒吠的動物之間，也不意味著你必須要同樣吼叫。」瘋狗會亂咬人，但人不會去咬狗，為什麼？因為除非你也瘋了。

他有生氣的權利，你有不接受的權利

這故事許多人應該都聽過：一次佛陀在旅途中，碰到一個不喜歡他的人。連續好幾天，那個人都用盡各種方法來侮辱他。最後，佛陀轉身問那個人：「若有人送你一份禮物，但你拒絕接受，那麼這份禮物最後會屬於誰？」

那個人回答：「屬於原本送禮的那個人。」佛陀笑著說：「沒錯！若我不接受你的謾罵，那你就是在罵自己囉？」那個人摸摸鼻子走了。

佛陀說：「當我拒絕接受虐待者的虐待時，他惡毒的禮物將被退還；被施虐者本身所收回。」

他有生氣的權利，你有不接受的權利。你用不著非得當塊情緒海綿，吸收周遭所有的情緒。學著去區分你感受到的情緒究竟是屬於自己的，還是別人的，如果是別人的，就物歸原主吧！

醒腦哲學！

當有人打擊你，你立刻反擊回去，就等於是吃下對方的情緒垃圾，把它變成自己的垃圾。

你很氣某人，不想讓他好過，但當你讓他「難過」時，你自己有好過嗎？

想想，你抓一把垃圾丟別人，先弄髒的人是誰，是你自己，對嗎？

有一首打油詩說得好：「別人氣我我不氣，我若氣死中他計，氣得生病無人替，不氣不氣不能氣。」千萬別把自己變成人家丟什麼，就吃什麼的垃圾場。

10／多連結，不打死結

有智慧的人不會跟角度不同的人爭吵，因為世上沒有一個人的生命經歷和另一個人完全相同，也沒有兩個人的觀點和想法會一模一樣；也因此，每個人看世界的角度都不一樣。

在一個夜裡，有個人到朋友家泡茶閒聊。他們激烈地爭論一個問題：人到底從哪裡開始生長？

「這還用問！」一個人叫道：「傻瓜都知道人從腳開始生長。」

「你有什麼證據？」另一個問。

「幾年前，我買的褲子太長，都垂到地上了。但現在你看看，它變得那麼短。這就是證據！」

「胡說，任何有長眼睛的人都能看到人是從頭開始長的。」另一個堅持道：「就在昨天，我看見一隊士兵在演習，因為是大白天，我看得很清楚，他們底下的腳都是一樣的，但看頭的話，高矮就不一樣了！」

唯一的想法是最危險的想法

這並沒有誰對誰錯。有時候，別人看起來毫無道理可言，但他們只不過是跟我們的角度不同，或是看到了我們沒有看到的事。然而如果我們堅持只有自己才是對的，就沒有轉圜的餘地。

法國哲學家夏提埃曾說：「唯一的想法是最危險的想法。」世界上的道理都是「活」的，都是不一定的，你所堅持的若是一定的話，這道理必是「死」的。

如果你問某些人為什麼生彼此的氣、常常吵架，他們多半會回答：「因為我們看法不同。」在親子及兩性問題中，最常見的就是雙方困惑為何對方不能和他想法一樣？很少人會反過來想：當他堅持自己是對的時，要如何溝通？你怎麼可能跟一個抱定一己之見的人說話呢？那就好像對一面牆壁說話。

人際關係會陷入僵局也一樣。我們常會欣賞某些人，同時也會疏離或排斥一部分人，就像我們常聽到的：「我就是和某某人合不來」、「我就是看不慣某人」。而之所以合不來、看不慣，主要也是因為不接受彼此的差異性。

重要的不是角度，而是你的廣度

和人相處，如果總是在強調差異，就不可能相處融洽，強調差異會使人與人之間的距離越來越遠。反之，如果把注意力放在別人和自己的共同點上，與人相處就會容易一些。

美國哲學家愛默生曾感慨說：「人們之所以寂寞，是因為他們不去修橋，反而築牆把自己圍起來。」

我們看事情往往只有角度，這使我們心中築起了高牆。我們都從一個觀點來看事情，因此心胸無法寬大，因為一個角度最多只能看到一面，而世界是多面的，你必須更柔軟、更富有彈性、更能包容和諒解，才會有廣度。

是的，重要的不是你的角度，而是你思想的廣度。要想保持空氣流通，一條細縫是不夠的，你一定要打開門窗。

醒腦哲學!

管理大師彼得．杜拉克告誡人們，處理人事紛爭，第一步要先問：「什麼是對的？」確認真相再進入第二步：「誰是對的？」

但人們的情況卻正好相反，沒有人在乎「什麼是對的」，人們討論、辯論和爭鬥，都是為了證明「自己是對的」。

你可曾想過，那些你所爭論的東西真的有比彼此的情誼和快樂更重要嗎？

記住，要去做對的事，而不要爭著當對的人。

11／不管你抱怨誰，罵的都是自己

有個女孩覺得自己被朋友背叛，因為她信任這位朋友而把祕密告訴她，而祕密卻被洩漏給別人。經過仔細檢視，她了解到她也用很多方式背叛了自己，像這祕密也是她自己先洩露出去的。

有位先生常抱怨太太、小孩亂花錢，經過檢視後，他發現其實自己也常衝動亂買東西，事後又後悔。

有位員工常埋怨同事，做事不負責任，後來他進一步檢討自己，才發覺，原來自己也不想擔負責任。

不管你抱怨誰，你罵的都是自己；這是很少人發現到的，因為我們都習慣指責別人，卻忘了反過來檢討自己。

你討厭的別人是你不喜歡的自己

一位學生最近常深鎖眉頭，當我問起緣由時，他一臉沮喪地說：

「我不曉得我哪裡做錯了，為什麼辦公室的同事老要欺負我，再不然就是要占我便宜？」

「他們是怎麼欺負你、占你便宜呢？」我問他。

「他們老是使喚我去做這做那，我又不是工友，我也有自己的工作啊！」他忿忿不平。

「那你都怎麼應付他們的要求呢？」

「還有什麼辦法？我當然只有答應啊！這也是我最不滿意自己的地方，我很討厭自己這麼懦弱。」

這就對了。為什麼你會受傷？因為你的內心預留了一個空間給人傷害；為什麼讓人踩在頭上？那是因為你自己趴在地上。

人我之間的互動，都是自己造成的。當你懂得尊重自己，重視你的感覺、時間、想法，別人也會如此。反之，當你處處迎合奉承，任人予取予求，別人也不會尊重你。

對方老是這樣？是你老是那樣

所以，不要問別人為什麼不尊重你，你應該反問自己：「我有尊重自己嗎？」不要說別人為什麼看不起你，你應該反問自己：「我有看重自己嗎？」不要抱怨別人傷害你，不要說別人惹你生氣，你應該反過來檢視自己，看看自己哪裡有問題。

早在西元前三百多年孟子就告誡我們：「行有不得，反求諸己。」即在提醒大家，當事情不順心時，不是去要求別人，而是要「向內求」。換言之，你必須看自己在做什麼，而不是看別人對你做了什麼。

診斷出別人有病，並不能改善你的病；說別人討厭，也不能讓你討人喜歡。因為一開始方向就錯了。

一個有反省能力的人，才有改變的可能。

醒腦哲學！

當你罵別人說：「他怎麼可以告訴別人！」也許你自己也告訴了別人。

當你怪別人說：「你為什麼不替我想想？」也許你也沒替對方想想。

當你氣憤地說：「你怎麼不去照照鏡子？」也許你也應該去照照鏡子。

就像心理學家榮格說的：「由對他人的不快中，可以得到自我省察的機會。」你所有的人際關係都是一面鏡子，透過他們，你才能認識真正的自己。

12／你的情感帳戶存了多少？

我們與認識的每個人之間都有一個戶頭，這些人包括家人、朋友、同學、事業夥伴，甚至是大樓管理員、隔壁的鄰居等等。在這個帳戶裡，通常都是你欠我、我欠你的，如果一方欠得多，關係就會有危機。反之，裡面的存款越多，關係就越穩固，即使偶爾發生狀況而支領，也不至於因此透支。

這戶頭就是「情感帳戶」。如同銀行戶頭一樣，它可以存款與提款；每次我們與人互動，若不是在儲蓄，就是在提領。

提領之前，別忘了先儲蓄

那要怎麼儲蓄呢？非常簡單，小到對人親切問候，或是一個善意的微笑，就能為你存款。當你傾聽朋友、父母或兄弟姊姊的話，或是對人說出讚美、支持的話，例如「你今天的髮型很美」、「你做事真有效率」，就又存進一筆。

還有就是當你幫了別人的忙，或原諒某人的錯，也等於儲蓄一筆定存。如果你不張揚、不求回報，就會生出可觀的利息。就像法國哲學家巴斯格爾說的：「你希望別人認為你好嗎？那你就不要把自己的好處對人說。」也許有一天當你犯錯或需要別人幫忙時，你的帳戶便會有許多餘額可用。

那我們又是怎麼用掉存款的呢？最常見的就是批評抱怨。三不五時說教，聽久了就變成囉哩囉唆，很容易消耗掉情感帳戶，連親友都可能會疏離，甚至反目。

再來是不守信用。你有沒有碰過總是食言的朋友？他們說要打電話給你，卻沒有打；他們答應要幫忙，卻忘得一乾二淨。累積幾次之後，你便不再相信他們了。

你對別人的承諾也一樣。假設你說「我十點以前一定會回到家」或「我一回家就會把功課寫好」，但卻沒有做到，食言幾次之後，別人也不再相信你了。

別等到用完最後一滴油才趕著去加油

其他消耗存款的事項，還包括那些自私自利的行為。當我們只想著自己要什麼，而忘了替別人著想，就必然會消耗情感資本。

再如，某人盡力挺身為你做了件好事，但你卻認為理所當然，沒有表達感謝；或更糟的是，你將別人給你的方便當隨便，得寸進尺，這樣存款很快就會用光。

如果你深入去看感情問題，其實多半都是帳戶過度提領造成的。感情一旦陷入負債狀態，而我們還不斷透支，就會被推入破產邊緣，最後眾叛親離也就不足為奇。

所以我們平時就要多存款。如果帳戶沒什麼錢，也不要氣餒。從今天開始，對人謙恭有禮，多關心身旁的人，得饒人處且饒人。更別忘了，要信守你的承諾，回饋對你好的人。

提領之前先儲蓄，別等到用完最後一滴油才趕著去加油。

醒腦哲學！

我們應該用「總帳」的概念來看待人際關係。比方說，你朋友可能有遲到、做事粗心等缺點，可是他幫過你，平常跟他相處也很愉快，便不要讓一件事影響整體的看法。

你的父母、男女朋友可能說話不算話，或做了某些事傷了你的心，可是他一直很關心你、照顧你，也原諒過你犯的錯，那你就應該學習寬恕和包容。

我們對每個人都要用總帳的概念來看待，只要對方存款比提款多，就該給人提領的機會，甚至額外多給點利息，這樣你的情感帳戶才會財源滾滾。

Part 3

你說的每句話

你每天都會跟別人談話，但是，
受影響最深的卻是自己。
因為你説話的對象當中，
只有一個人能夠聽到你所説的一切，
那就是你自己！
當你把一件事反覆説得夠多次時，
要不了多久，你的潛意識就會開始照著你説的去做；
你用來形容自己遭遇的字眼，
最終將變成你的真實人生。

13／你說別人的話，其實是在說自己

人對人的想法，基本上都來自對自己的想法。

一個母親從很冷的地方回到家，常不由自主給孩子添加衣物；一個父親剛運動完滿頭大汗，就會急著給孩子脫衣服。肚子餓時會勸孩子多吃一點；吃太飽難受就痛斥孩子別太貪吃。覺得自己太內向，就擔心孩子不夠活潑；遺憾自己沒多讀書，就特別重視孩子的課業。

我們會把自己的感覺投射到別人身上。有人很難信賴別人，其實是把自己「不值得信賴」投射到別人身上；一個經常信口開河的人，就會懷疑別人說的話；常在背後說人閒話的人，也會懷疑別人在背後說他壞話；常心懷不軌的人，對別人也會疑神疑鬼。

說人是非者，就是是非人

有幾個小偷一起去偷東西，當他們把偷來的東西全都交出來，準備分贓時，卻發現少了幾樣，於是他們環顧彼此，其中一個忍不住說：「難道我們裡面有小偷？」

小偷總會認為別人是小偷，因為他只了解自己，這是他唯一了解別人的方式。

當你看到某人臉色不好，你認為那個人是「不高興」或「故意擺臉色」，但若換從別的方面體貼設想，他可能是心情不好或生病了。為什麼你不選擇後者，而選前者呢？是不是因為當你不高興時，也會擺臉色給人看？

你約某人見面，他說剛好有事，你會怎麼想？你可能會認為那人「說謊，那只是推託之詞」，因為當你不想跟人見面時，也是這麼說的，對嗎？

對自己不滿的人，很難對別人滿意

我發現有些人很敏感，特別是加入優於自己的團體時，總是處處留意旁人的觀感，只要有人三五成群竊竊私語，就會神經質地認為他們在談論自己。若是對方偶爾發出笑聲，甚至會誤以為他們在嘲笑自己。

想想，如果不是自己自卑，別人的嬉笑怒罵，怎麼會這麼輕易就刺痛你？如果不是自己早有猜疑之心，對他人的竊竊私語又怎會聽出「弦外之音」？

曾有位疑心病很重的女孩問我：「有時我明知道男友沒做對不起我的事，但我還是會懷疑他，為什麼？」

在妳心裡一定有些妳真正懷疑的事。比方說，妳自己也有過非分之想，或是妳懷疑自己沒有魅力，不值得愛？

我告訴她：除非妳信任自己，對自己有信心，否則妳將不斷投射妳的猜忌到周圍的人身上。

醒腦哲學!

你對別人的想法，都來自對自己的想法，那就是為什麼當你煩心的時候，看誰都不順眼。

下回，當你提到別人、審判別人或懷疑別人時，了解「你說別人的話，其實是在說自己」，你的觀點就會截然不同。

當你意識到那是自己的投射，你就會看到背後的原因是什麼，也許是恐懼，也許是自卑，也許是妒嫉，也許是想得到愛。那麼，你就能反過來看到自己，進而改變自己。

14／口是門，應該把它關好

跟人閒話家常是人之常情，但說人閒話卻是最傷感情。因為世界上沒有一種閒話是不傷人的。

當你聽到甲在說乙的壞話時，就算再怎麼不相信，你與乙的關係仍會發生轉變。換句話說，不論你聽到什麼，你都不自覺地受到影響。更糟的是，如果你又把這事告訴了丙，那就沒完沒了。在東家長西家短、人云亦云、以訛傳訛、加油添醋之後，很可能一口小池，最後變成一個大湖。

傳話的人加油添醋

話說有間小村落的學校裡，本來只有一個老師。

某天村裡搬來一位陌生男子，村民發現他不但飽讀詩書，而且為人正直，便邀請他到學校教書，男子也答應了。果然，新老師大受家長、學生歡迎。

原本的老師心裡很不是滋味，用不屑的語氣跟妻子說：「那新老師根本來路不明。」妻子將這番話轉述給鄰居聽，自己再加上一句：「聽說那新老師根本來路不明，以前不知道做過什麼壞事。」

鄰居跟親戚說的時候，又多了一句：「聽說那新老師根本來路不明，以前不知道做過什麼壞事，說不定曾經作奸犯科！」

親戚跑去跟朋友說時，也沒忘加油添醋：「聽說那新老師根本來路不明，以前不知道做過什麼壞事，說不定曾經作奸犯科，搞不好還是個通緝犯！」

流言越滾越大，新老師不得已，只得黯然離開學校，甚至搬家。

謠言的始作俑者——原本的那位老師聽說了，覺得良心不安，決定去道歉。

只見新老師拔起地上一把蒲公英，用力一吹！成千上萬的種子頓時飄散開來，接著他說：「如果你能把這些種子都找回來，我就原諒你。」

「這怎麼可能……這麼多種子，不可能全找回來！」

新老師嚴肅地說：「你製造的流言就好像這些種子，不但收不回來，還會重新發芽成長，再散播更多種子。這樣就算我原諒你，也沒有任何意義！」

從此新老師再也沒有回到這座村莊，只留給男子深深的悔恨。

被傳的人刻骨銘心

對事不了解而妄加論斷，是不客觀的；對人不了解而妄加論斷，則不但不客觀，更不道德。口是門，應該把它關好。

試想，如果有人說了一些關於你的不實傳言，你的反應會是什麼？感覺受傷，還是生氣？你會不會懷恨不平地問：「到底是誰說的？為什麼這樣講我？」你會不會在心裡反覆咀嚼那些中傷你的話，以及無法消弭的憤怒？

如果你也害怕別人這樣對你，就不該去做這樣的事。古代賢哲說過，在準備開口說話前，要先通過三道門。

第一道門，先問自己：「這些話是真的嗎？」如果是，才能前往第二道門。第二道門，賢哲會問：「這些話是必要的嗎？」如果是，再前往第三道門。到了這裡，他們會問：「這些話是善意的嗎？」如果是，話才能脫口而出。

因此，沒通過三道門之前，請閉上尊口！

醒腦哲學！

你每天都會跟別人談話，但是，受影響最深的卻是自己。因為你説話的對象當中，只有一個人能夠聽到你所説的一切，那就是你自己！其他人都只聽到你所説的一部分。

有的人喜歡在背後罵人或説人閒話，他沒想到聽見的全是自己。語言是一種力量很強的思想波，就像回力棒一樣，拋向空中，繞了一圈，最後還是回到你身上。所以要多説好話，多祝福人，利人利己。同樣的道理，咒罵別人等於是在罵自己，因為聲音發自哪裡？是誰一直在聽？是你，對嗎？

15/你也是催眠師

一位化學老師在一次課堂實驗中聲稱，他要測驗臭氣傳播的速度。他在開瓶蓋十五秒之後，前排學生開始舉手，稱自己聞到臭氣，後排的人也陸續舉手，紛紛說自己聞到臭味了。

但其實，實驗瓶中什麼也沒有，這些學生紛紛舉手很顯然是受到暗示的影響。心理暗示是人們日常生活中最常見的一種心理現象，催眠就是個好證明。一個受到催眠的人，能毫無疑問地相信，自己的手臂重得舉不起來。一旦他完全相信，他就真的無法舉起手臂。我想許多人都看過催眠師做類似的表演，也知道那都是暗示的作用。

我們也經常受到自己或別人的暗示影響。比方說，當你看到別人打哈欠，你也想打；當你看到別人眼裡含著淚水，也會開始想掉眼淚；如果有人形容青梅子咬下去酸溜溜的滋味，你就會開始流口水。

一件事反覆說得夠多次，就會變成真的

有些人找人算命，日後這些事一一應驗，便以為算命神準。他不知道真正的原因是，他相信算命的「暗示」，所以不自覺地朝著算命人指示的路去走，當然預測就成真了。

一對相愛的男女，在婚前去找算命師合婚，結果「八字不合」，雖然兩人最後還是攜手走上紅毯，但由於他們將這負面訊息帶進潛意識裡，只要稍有爭吵就將原因歸咎於「八字不合」，最後兩人果然不合，以離婚收場。

你對自己說的話，有非常巨大的力量。科學研究已證實，自我言語與你外在的表現有直接關係。當你把一件事反覆說得夠多次時，要不了多久，你的潛意識就會開始照著你說的去做，讓那些你想的和說過的話成真。可惜的是，大部分人一生反覆說的大多是負面的話語，他們不明白自己是在不斷自我暗示。

說一些失敗的話語，就是在為自己「下咒語」

就像被催眠一樣，我們內在無法分辨何者為真實、何者是想像。當潛意識收到指令，就會連接身體、情感和思維，來執行指示。比方說，當潛意識聽到：「我是軟弱又無能的人。」就會連接到身體，讓你變得軟弱；又連結到你的情感，讓你感到沮喪無助；又會連接到你的思維，讓你的思考能力變遲鈍。

所以，如果你習慣說一些失敗的話語，你就是在為自己「下咒語」。如果你的對話中常常有類似：我不行、我沒辦法、我笨手笨腳、我一事無成，或是其他對自己負面的評價，你就是在詛咒你的未來。

我聽說有個人為了讓自己的運氣好轉，特地把剛養的一隻狗取名為「Lucky好運」，哪曉得情況非但沒有改善，反而每況愈下。他百思不解。

有一天出門時，他才恍然大悟，原來他每天出門前，都對狗狗說：「Lucky，再見！」

我們用來形容自己遭遇的字眼，最終將會變成我們真實的人生。

醒腦哲學！

你的各種看法之中，最重要的一項是你對自己的看法；你整天所談的事中，最重要的就是你對自己所說的話。

學習以正面肯定的言詞來思考和說話。對自己說：「我充滿自信」、「我有能力完成這件事」、「我是堅強又有魄力的人」、「我會越來越順」。當你一再對自己說（大聲喊也行）正面肯定的話，你的潛意識就會「同步」執行。

但要注意的是，說話時要用現在式，而不要說：「但願我能……」或「我希望成為……」。只要告訴你自己，你「已經」具有能力，讓你的身體、情感和思維都充滿正面能量，你也能成為催眠師。

16／你說的，就是你所求的

聽幾個三姑六婆聚在一起聊天，你會聽到什麼？說長道短、擔心煩惱、怨天尤人、叫苦連天、心灰意冷。到某個高中教室、大公司的員工餐廳或路邊攤偷聽，你又會聽到什麼？說長道短、擔心煩惱、怨天尤人、叫苦連天、心灰意冷。

我還可以繼續列舉。我要說的是，大多數人都習慣抱怨。隨著我對人們的了解越深、越留意他們口中說出的話，我就越了解他們目前的狀況。通常我只要與他們談論半小時，便能確切地指出他們會遇到哪些問題；從他們言談的內容，我就知道他們的問題是怎麼被自己求來的。

小心你所祈求的東西，你可能會得到它

「被自己求來的？」當我這麼說，也許你會想：「誰會笨到陷害自己？」但你應該聽過或曾說過：「公司不知道會不會倒，到時候我就會失業……」、「他只是想利用我，到最後說不定還扯我後腿……」、「我收入那麼少，永遠也買不起房子……」、「我不懂理財，如果買股票一定會被套牢……」

或者是：「我看，一點希望都沒有了！」、「反正最後他都不會滿意，何必那麼努力！」、「如果念到一半，又畢不了業，豈不是很丟臉？」、「萬一出了什麼意外，該怎麼辦？」……

你可能不知道，把這類話語一再掛在嘴邊，事實上你已經是在「許願」了。

前陣子我父親踝關節嚴重扭傷，起因於他在自家側院種了許多菜，為了讓瓜類能攀藤，原本想找些竹子搭棚架，但又想到隔些日子有個重要的活動要參加，他擔心：「上山萬一跌倒或扭傷了腳，該怎麼辦？」於是決定等活動結束後再去，沒想到在山上真的跌倒，還扭傷了腳。

如果你沒什麼好話，就不要說話

這樣的例子不勝枚舉：

一位脊椎嚴重受傷的朋友，他是個運動員，在他發生意外後，我去探望他。他說以前便一直害怕會因意外而四肢癱瘓，他說：「我經常害怕自己癱瘓不能走路，結果它終究還是發生了。」

有位太太，她的先生每天都很晚回家，而她帶著兩個孩子，每天想的是：希望老公在家。

由於見人就抱怨，使負面的事情不斷發生在她身上，不是小孩生病，就是車子被刮到，每每都是老公趕回來解決。最近她老公腳斷了，無法工作，所以每天都在家……，這不是自己「求來的」嗎？

我還認識一位病人，她經常抱怨自己多年未出過事，白繳了多年的汽車保費。結果最近，她獲得了理賠，人甚至還躺在醫院。了解了其中的緣由，大家想必已經清楚「禍從口出」的道理。

俗話說：「烏鴉嘴特別靈。」因為語言是一種很強的思想波，「負能量」的語言一出，你已經在創造那種實相。

我們經常聽到有人抱怨自己厄運連連、禍不單行，現在也該警惕，原因就是自己不停抱怨。人越埋怨，就越被埋在裡面。

如果你總是在談論倒楣的事，那麼就別驚訝你為什麼老遇到倒楣的事。

醒腦哲學！

聖經說：「你所說的、心裡所相信的，都會成真。」

上帝就像一臺影印機，祂會複製你的想法，並使它成為即將發生在你身上的事。從你嘴裡說出的每一句話，都決定了你自己的命運。

美國大哲愛默生也提出警告：「文字是活的。不斷予以使用，它不是會建設，便是會破壞。」

所以啊，如果你沒什麼好話，就不要說話。千萬不要大嘴巴！

17／我在你面前很想當一個淑女

怎樣才能讓一個人變成很棒的人？

方法有二：

一、讓他覺得自己很棒。

二、讓他真的變成這樣的人。

沒錯，你能藉由形容他們的樣子來形成他們的樣子，也能藉由對待他們的態度來形成他們對你的態度。

比方說，你的朋友認為你很樂觀，那麼在他們面前，你就會表現得樂觀開朗；如果你認為某人很淑女，那麼在你面前，她就會像淑女一樣。人會不斷驗證別人給他的「期待」，如果你常說孩子很貼心、懂事，他就會一直那樣；如果你對男友或女友的評語是，體貼、有責任感，或粗心、不會替人著想……，他們就會變成像你說的那樣。

首先，讓他覺得自己很棒

激勵大師金克拉可以說是將人原本就具有的成功特質發揮得最淋漓盡致的代表人物之一，他認為：「我們看待人的角度，決定我們待人的方式；我們待人的方式，決定了對方的表現。」

你可能看過有些人，在家人面前常亂發脾氣且不負責任，卻對某些人相當客氣且盡責，那是因為他們在那些人面前有不同的形象。

有人和某人起爭執，吵得面紅耳赤，後來電話響起，一接起來，就突然變得輕聲細語，甚至談笑風生。這是怎麼回事？沒錯，因為形象不同，所以表現就不同。

《窈窕淑女》這部電影中，兩位老教授找來粗俗的賣花女做實驗，打算把她訓練成一位高雅的淑女。其中有一段對話，可以說明期待所產生的影響力。

女主角對皮克林教授說：「我在希金斯教授面前很想講髒話、動作粗魯，因為他認為我還是菜市場的賣花女，所以我就不想表現得像個淑女。但你不一樣，」她說：「我在你面前很想當一個淑女，講話舉止很得體，因為我知道，在你心目中，我是一位高雅的淑女。」

最後，讓他真的變成這樣的人

這也印證了教育學上有個著名的理論，叫做「比馬龍定律」：你用什麼樣的眼光看待孩子，孩子便會成為什麼樣的人。

佛洛依德在他的著作《夢的解析》中曾提到，他之所以努力成為一個偉大的人，是因為母親相信他，總是對他說：「你將來一定會成為偉大的人物。」同樣的，如果你不斷對小孩說他是愚蠢的，那他也會變得愚蠢；不只如此，他還會開始做愚蠢的事。

我們對他人的觀感，決定了他們在我們面前會呈現出什麼樣貌，以及我們與他們之間的關係。你沒發現到嗎？當有人稱讚你的時候，你會表現得特別好，為什麼？因為那人覺得你很好，而你不想讓他們失望；當你讚美別人時也一樣。如果你不斷對一個人說些什麼，他就會表現得「像你說的那樣」。

在音樂劇《夢境騎士》中，唐吉訶德不斷、沒有條件地肯定那位風塵女郎，也就慢慢改變了她的自我形象。當她以不同的觀點來看待自己時，表現也跟著不一樣。所以，如果你發現周遭的人變得越來越糟，你必須先反省自己，是不是你對他們的態度也越來越差？

試想，如果你把某人說得很糟，卻又希望他變得很棒，這有可能嗎？你不可能讓某人覺得抬不起頭，同時又期待他抬頭挺胸。

醒腦哲學！

德國詩人歌德說過：「如果你以一個人的現狀來看待他，他就會維持現狀；如果以一個人的能力和應有的成就來看待他，他就會朝這個目標發展。」

我們的言語會讓對方知道，我們對他有什麼期待。如果言語中帶有批評，他的行為就會如實地反映我們所批判的內容。讚賞能激勵人們表現優越，批評則會讓他們向下修正，以達成批評者的負面期望。

18／多灑香水，少潑冷水

懂得人性心理的人都知道：人喜歡聽好話。

一個老闆如果不停責罵員工：「你怎麼這麼沒效率？都多少天了還沒完成，成本也不會控制！你再不把皮繃緊一點，就沒前途了。」

女友如果老是嘮叨懶散的男友：「你要我講幾千次？每次東西拿到哪就丟到哪，到處亂七八糟，也不會整理一下，整天只會看電視。」

結果會如何？他們還是老樣子，對嗎？

在心理學的實驗裡，老鼠由懲罰和獎賞所控制，給牠們獎賞，牠們就開始學習受到獎賞的事情；懲罰他們，牠們也開始不學習受到懲罰的事物。那就是為什麼經常批評責罵朋友、家人不但沒用，甚至還會每況愈下。

人都是聽自己感興趣的聲音

說一則故事：

有一個動物學家與朋友走在一條熱鬧的街上，經過一個建築工地時，在一片震耳的電鑽聲中，她要她朋友停下腳步，並說：「你聽，有隻蟋蟀躲在這些板子後面。」

她朋友驚訝地問：「我們周圍有這麼多車子和機器在吵，妳怎麼可能聽得到一隻小蟲子在叫？」

她回答：「這很簡單，我不喜歡喇叭聲和電鑽聲，但蟋蟀的叫聲對我來說就好像音樂。」然後她丟了一枚硬幣在人行道上，當銅板在人行道上翻滾時，有十幾個人都回過頭來聽那聲音。

動物學家說：「你看吧，人都是聽自己感興趣的聲音。」

所以，不要老說些不重聽的話，不要對人的錯誤老調重彈。你不能一邊對某人說消極的話，回過頭來又希望他變積極。

多數人都希望朋友、同事或是家人好，也都希望他們表現出良好的行為，但效果卻常不如預期，這中間的問題，有很大部分是出在「說話」。當你嘗試改變某人，或想改善關係時，如果你的言詞用語讓人升起防衛心，那就很難了；他們不會接受你說的話。

用紅蘿蔔勝過用棍子

那該怎麼做？

只要多說些讚美的話：「這樣很好！」、「你做得很棒！」找找看對方做了哪些值得肯定的事，告訴他們你的感受：「謝謝你在我遲到的時候，那麼有耐心等我。」、「昨天我情緒有點失控，還好你那麼有氣度。」、「你能有這種表現，很不簡單，我以你為榮。」你只要去讚美，那個行為就會繼續出現。

這個方法可用於學校、辦公室、家裡；對朋友有效，對家人、情人和世界上幾乎所有人都有效。

要多灑香水，少潑冷水。告訴別人你喜歡、仰慕或欣賞他們，不必花什麼力氣（至少比生氣罵人輕鬆），收穫卻難以估計。一句話有時會影響人一輩子，或許，你明天就把今天說的話給忘了，但聽到的人卻永遠牢記在心。

記住，每個人生命中都有高潮，大部分是經由別人鼓勵而成的。

醒腦哲學！

哈佛著名的心理學家威廉．詹姆斯說：「人性中最深的本質就是渴望受到激賞。」

基本上，每個人聽到讚美，就會有所表現。你只要去讚美，那個行為就會繼續出現。由於讚美是具有創造性的，所以不必擔心過度讚美。

相反的，如果你觀念錯誤，以為太多讚美會造成自滿，那你就會越來越少看到好的行為。由於好的行為你沒有反應，很可能就會出現不好的行為，因為沒有人希望自己被漠視或否定。

Part 4

你給人的感覺

當你問某人：「你好嗎？」
如果他有氣無力地回答：「很好。」
你會認為他「真的很好」嗎？
不會，因為「你的感覺」並不是這樣，對嗎？
想想你認得最友善的人，
回想你第一次見面時，你多快看出這個人友善？
是不是一下就感覺到了？
現在再仔細想想哪個人最不友善？是不是也一目了然？
人們可能會忘記你做的事，但不會忘記你給他們的感覺。

19／你的表情和語調

你曾錄下自己的聲音來聽嗎？當你第一次聽到時，你是什麼感覺？我想很多人都會驚訝：「這是我的聲音嗎？」

其實何止是聲音，我們對自己說話時的表情也不清楚。你曾看過自己生氣時，臉上的表情嗎？你知道你說話的口氣，讓人聽起來的感覺嗎？

從別人的角度而看，我們的每一個眼神、表情、說話的聲調，都是傳達話語的一部分。皺起眉頭、緊繃著臉，會讓人覺得不友善，或許你根本「沒那個意思」，但對方還是會感到不舒服。而當你說話抬高聲調時，很容易激起對方的敵意，最後演變成一場爭吵。

表情有時比說話的內容更重要

人很重視感覺，所以我們常聽到有人說：「我不想答應他，因為我不喜歡他說話的口氣。」、「你說得固然有理，可我就是討厭你那副盛氣凌人的樣子。」可見，表情有時比說話的內容更重要；「你怎麼說」要比「你說什麼」還影響別人的觀感。

柏克萊大學心理學教授亞伯特．馬伯藍比（Albert Mebrabian）研究出「73855」定律，他指出旁人對你的觀感，只有7％取決於說話的內容，38％在於說話時的口氣、手勢等肢體語言，卻有55％來自你外表給人的感受。

你可以試試看，當你問某人：「你好嗎？」如果他有氣無力地回答：「很好。」你會認為他「真的很好」嗎？

你向某人道歉，如果他繃著一張臉說：「沒關係。」你會相信他說的話嗎？

不會，因為「你感覺到的」並不是這樣，對嗎？你不會憑他的話來判斷他的感受，而是根據他的語調和表情來判斷。

字眼有如情緒的扳機

想要有所改善，首先要改變我們的措詞。

比方說，有人觸怒了你，你可以用「困擾」或「遺憾」這個字眼，而不使用「氣憤」或「憤怒」。

當你不高興時，你可以用「我不喜歡」來取代「我討厭」或「我痛恨」。想想看，當你改以不同字眼來敘述，你還會火冒三丈嗎？

我們從小學習文字和文法，但學校卻沒有教導，我們所選擇的用字會與我們生命中的經驗有關。

我們說話所用的字眼，會直接影響我們的思想和情緒，一般人處理情緒的中心是右腦，語言中心在左腦。當右腦認知到一個負面的情緒時，會越過胼底體傳遞到語言中心，說出相應的字。同樣的，當我們左腦接收到負面的字眼時，也會傳到右腦，反應相應的情緒。

字眼有如情緒的扳機，當我們聽到刺眼的字時，常會想起些過去的情境，而這些很可能都帶著痛苦、侮辱和憤恨的情緒，那就是為什麼會連帶影響我們說話的聲調和表情。

如果你開始注意自己的措詞，你將會立即看到極大的改變。當我們不用涉及人身攻擊、辱罵或情緒性的字眼，很多衝突、爭吵和災難就可以避免；當我們用幽默的字眼，生活就充滿歡樂；當我們用樂觀的字眼來看世界，我們就變成樂觀的人。

醒腦哲學！

「轉換措詞」不僅能安撫情緒、幫助人際和諧，同時還能帶來快樂。

例如，每當你想說「你應該」時，就以「或許你可以」替代，讓他人有選擇權，關係才不會緊繃。

不要說：「我無法忍受你這麼做。」改為：「如果你這麼做我會比較高興。」

不要說：「你『總是』令我生氣。」改為：「你『這樣做』讓我生氣。」否則你八成會把自己氣得臉紅脖子粗。

現在請拿出筆來，做下面這個練習：

一、寫下三個你常用的情緒性字眼或口頭禪。

二、用三個讓人聽起來舒服愉快的字眼或句子取代。

三、找三位好友，時時提醒你要使用那三個新的字眼。如果你在接下來的三周裡能頻繁使用，就會成為習慣，你的生活必定有很大的改觀。

20 只有夠強的人才能弱

一般人常認為強與弱是相對的——柔軟是懦弱，強硬是堅強。這是一直以來人們的誤解，所以當人怕被看成弱者，就會變得強硬。

你是否觀察過，所有柔軟的生物都被某種堅硬的東西所覆蓋，舉凡蝸牛、貝殼、蚵蜆、蝦蟹……，內在柔軟的東西都有堅硬的外殼。人也一樣，內心脆弱的人常會故作堅強；自卑的人反而顯得自負。

不同的是，生物的「硬殼」是為了保護「裡子」，人卻是為了顧全「面子」。

自尊是面子，自信是裡子

人很怕被別人看扁，因此只要覺得自己比較卑微的時候，就會去貶低別人。那是一種補償心理，讓自己凌駕他人之上，可以感覺比人優越，然而為什麼要感覺優越？是自卑。就像購買名牌是優越感，但優越感是來自自卑感。

人為什麼喜歡說別人壞話？每當我們批評某人，會讓自己覺得高人一等。這很像把破輪胎灌飽氣，當我們指出別人的缺失、錯誤或罪惡時，就是在為自己打氣，抬高自己，但過不久輪胎就會再次消下去，因為我們內心有個破洞，而為了再次膨脹起來，又再次中傷別人。

人為什麼愛發脾氣？也是自卑。生氣可以掩飾無能，只要發火，誰敢惹你？只要用力拍桌子，誰敢懷疑你的「能力」？那就是為什麼許多人寧可生氣也不願認錯；因為認錯需要勇氣，必須有自信的人才可能拉下臉。

自尊是面子，自信是裡子。低自尊的人看似高傲自大，其實裡子空虛、非常脆弱，自負的表現只是掩飾自卑。越自卑的人越愛面子，也越會虛張聲勢。

人最在意的地方，往往是最自卑的地方

說一則故事：狐狸和猴子好幾天沒吃東西了，在路上牠們發現一個洞穴，裡面有個神像和兩個瓶子。

狐狸祈求神像：「我們已經好幾天沒吃東西了，再這樣下去會餓死的……」

神像說：「這裡有兩個瓶子，一個裝滿食物，一個是空的，你只能用觀察來選擇其中一個。」

狐狸說：「兩個瓶子中有一個裝滿食物，另一個是空的？我看這兩個瓶子肯定都是空的。」

聽了這話，一個瓶子開口了：「我才不是空的！」

狐狸一聽，伸手抱走另一個瓶子。打開瓶蓋，果然裡面都是食物。

猴子大惑不解地問：「你怎麼知道這個瓶子裡有食物？」

狐狸笑著說：「肚子空空的人，最怕人家說他空瓶子；肚子有貨的人，你說什麼他都不在乎。」

人最在意、最緊張的地方，往往就是最令他自卑的地方。

想想看，一個有自信的人，需要向別人證明什麼嗎？不，如果你是太陽，你根本不需要再多點蠟燭來增加光亮。

一個真正有力量的人，需要表現強硬嗎？當然不用。你雖看不見風，然而風卻可以吹倒大樹；水看似柔弱，卻可以穿透堅硬的石頭。事實上，世界上最溫柔的人也就是最強的人，如耶穌、佛陀、甘地、林肯……。是的，只有夠強的人才能弱。

醒腦哲學！

兩人在爭吵，其中一方先退讓，是誰有風度？

兩人有心結，其中一個先道歉，是誰有氣度？

有裡子的人才能放下面子，有自信的人才能彎得下腰，有自尊的人才能退讓。

老子說：「以其不爭，故天下莫能與之爭。江海不擇細流才能成其大，高山不辭土壤才能成其高，宇宙不占空間才能成其永恆。」

所以，退其實是進，因為你永遠無法打敗一個不想贏的人。

21／行得直，坐得正

「抬頭挺胸」、「走路不要縮著肩膀」、「不要彎腰駝背」，在我們的成長過程中，或多或少都因這些事被爸媽嘮叨過。我們常會嫌他們囉嗦，何必拿站姿、坐姿這種芝麻小事來挑毛病，但其實他們是用心良苦，因為姿勢一旦定型就很難改。

曾有個實驗，拿一百張姿勢不佳（垂頭、縮肩、腹部凸出等）和姿勢優美者（抬頭、平肩）的照片給一群人做判斷時，大家公認那些姿勢不佳者比姿勢優美者看起來較不受歡迎、不友善、缺乏活力且沒自信。

想想你認識最有自信的人，回想你們第一次見面時，你多快看出這個人有自信？是不是一眼就看出來了？現在再仔細想想哪個人最沒自信？是不是也一目了然？

你是怎麼判斷的？是從他們外表給你的感覺，對嗎？你不妨去觀察看看，當人沮喪時，頭會朝哪裡擺？會往下，對嗎？當人失意時，肩膀會下垂；當人沒有鬥志時，就會拖著腳步……。沒錯，別人也是從你的姿勢評斷你。

體態決定心態

心與身是一體的。每當你的心情改變，身體就會隨著改變。當你在生氣的時候，你曾經觀察過嗎？你的身體會呈現出某種姿勢。在憤怒當中，你會自動握緊拳頭，你的下顎會變得緊繃。如果你試著放鬆你的手和牙齒，你就不會生氣。身體的每個動作都跟情緒有關，所以它們才被稱為 emotions（情緒），因為它們跟身體的 motions（動作）有連結。

同樣的，隨著身體的改變，心情也會改變。如果我們經常彎腰駝背，就容易沮喪，相反的，如果我們打起精神抬頭挺胸，馬上會覺得好很多。

有研究學者曾經找來一些躁鬱症患者，有些還服藥超過二十年，然後用攝影機記錄他們對不同姿勢的感覺。科學家很驚訝地發現，當他們姿勢良好地站立時，幾乎沒有人會感覺憂鬱，也不需要再服藥。

很多人都說：「身體是看得見的靈魂，靈魂是看不見的身體。」所以當我們越是感到身體沉重、無精打采、提不起勁，就越該挺起身來。

你不抬頭，又怎麼看得到星星？

我聽說有個人和登山隊員一起爬山，那個人沿途不斷哀聲嘆氣，一會兒埋怨日子難過，一會兒抱怨路程遙遠。

登山隊員告訴他：「你這麼悲觀，是因為你一直在低頭走路！」

「抬頭走路就不絕望嗎？」他抬頭仰視天空問。

「你抬頭看到了什麼？」

「除了高山還是高山。」

登山隊員說：「是呀，我每次遇險或遭受挫折，我都是這樣抬頭走向成功。」

他說得對，當你低頭，除了山谷還是山谷。你不抬頭，又怎麼看得到星星？

有一個故事：獅子是萬獸之王，每次走路時都昂首闊步、尾巴高翹著，非常威風。有隻小獅子在旁邊看到極為羨慕，便問：「我要怎麼做才能跟你一樣威風、有自信？」獅子說：「自信藏在你的尾巴裡。」

小獅子於是花了一個下午在花園裡追逐自己的尾巴，到了黃昏，牠失望地告訴獅王：「我無論如何努力，都追不到我的自信。」

獅王微笑告訴小獅子：「自信不是這樣追的。只要你抬頭挺胸，勇敢地一步步向前走，自信自然會跟在你身後。」小獅子聽了獅王的話後，抬頭挺胸一步步勇敢向前走，果然從眼角餘光中，發現自己揚起前所未有的自信。

醒腦哲學！

找出一個有自信的榜樣，這個人可以是你認識的，或在電視、電影中看到的人，並專注在下列事項：

一、這個人走路的樣子。

二、他站立的姿態。

三、他坐的姿勢。

現在就開始練習，短暫的辛苦可以帶來一輩子的好處。不要抱怨腰酸背痛，如果你想「行得直、坐得正」，或想成為美女帥哥的話，就一定要養成習慣擺出正確的姿勢。

22／會說話的人，必然是聽話高手

你有沒有碰過話才說出口，就立刻在下一分鐘後悔的情況？或是在長談中神遊象外？我就有這樣的經驗，有時話很多卻聽很少，也曾因話說太快得罪了人。有一回，我因喉嚨發炎無法暢所欲言，朋友告訴我說：「嘿，你變了！你現在會『聽』別人說話了。」喔，這才讓我驚覺到以前有多「大嘴巴」。

兩千年前，希臘哲人戴奧真尼斯即說：「上天給我們兩個耳朵、一個嘴巴，是要我們多聽少說。」不過，對大部分的人來說，「聽」似乎比「說」更難學會。我也是在開始學習「聽」之後，才慢慢懂得「說話之道」的。

說個不停會讓人覺得索然無味

人都好為人師，喜歡教導別人，然而當我們開口時，說的是自己已經知道的事，我們不可能從自己講的話中學到什麼。而話說越多的人，弱點也越明顯。你越是急切想發言，越可能說些蠢話。如果你一直說個不停，就會讓人覺得索然無味。

有位太太在客人走後，向先生抱怨：「李太太真沒禮貌！我講話時，她至少打了三十個哈欠。」

先生說：「她不是沒禮貌，恐怕是想講話卻插不上嘴。」

你也是這樣嗎？總愛談論自己，只想到自己的需求和想說的話。那別人怎麼辦？要是別人也跟你一樣，要如何「交談」？

我們都知道沒有被聽見是多麼令人沮喪的事，但我們又有多少次曾專注聆聽。想想那些你需要他們專注卻沒有專注待你的人：父母、男女朋友、同學、同事、上司、老師。想想看，你在跟某個人說話，那人眼睛卻瞄向他處，嘴裡說著風馬牛不相及的事，或是自顧自地發表高論，你又做何感想？

不談論知道的，才能學到不知道的

每個人最關心的都是自己，當你用心聽別人說話時，你等於是真誠地關心他們。你是在表示，你認為他們以及他們說的話都很重要，值得你用心聆聽及思考。用心聆聽別人說話，表示我對你有興趣，表示我想了解你，表示我尊重你，表示我想從你身上學到一些東西。

那就是為什麼人際關係學大師戴爾．卡內基會說：「透過『對別人感興趣』在兩個月內所能結交的朋友，多過你花兩年去『讓別人對你產生興趣』。」一旦人們說出自己心中所想，有人聽了、注意了，心情就會覺得舒坦愉悅，彷彿身上某個痛處或癢處，一下子消失不見。

所以，真正會說話的人，必然是聽話高手。

曾有個學生問哈佛大學教授柯布蘭：「如何學習說話的藝術？」

教授說：「假如你聽，我就說。」如此沉默了片刻，學生說：「教授，我在聽。」

教授說：「你已經學會了。」

你有在聽嗎？很好，你也學會了！

醒腦哲學！

有人問墨子：「多説話有沒有益處？」

墨子回答他：「青蛙、蛤蟆整天不停地叫，叫得口乾舌燥也沒人注意到牠的存在，可是公雞每天早上按時啼叫，一啼大家就知道天亮了。可見話説多了並沒有好處，只要説得是時候就行了。」

就像柏拉圖説的：「聰明人説話，是因為有話要説；愚蠢的人則是因為想説。」

下回要開口説話時，記住下面這五點：

一、不要急著説，才不至於説些蠢話。

二、不要自誇，才能避免別人妒嫉。

三、不隨便承諾，才能免失信於人。

四、不吹噓，才不會成為討厭的人。

五、不要以為什麼都知道，才能學到不知道的事。

23／空杯心態

天下的水，沒有比海更大、更寬闊的了。因為它把自己放低，讓無數河流的水，不斷流入大海，可是大海始終不會滿出來。

人也一樣，懂得虛懷若谷才能不斷成長，一旦志得意滿就難有進步。就像一個瓶子的瓶蓋被拴緊的時候，無論我們試著倒多少水，或倒多少次，都無法為瓶子填滿水；水永遠裝不進去。

杯子要先空掉，才能裝進更多水

一個滿懷失望的年輕人千里迢迢來到寺院，對住持說：「我一心一意要學畫畫，至今還未能找到令我心滿意足的老師。」

住持笑笑問：「你走南闖北了十幾年，真的沒找到滿意的老師？」年輕人深深嘆口氣說：「許多人都是徒有虛名，見過他們的畫作，有的甚至不如我。」住持聽了淡淡一笑說：「既然施主的畫技高過一些名家，可否請你為老僧畫上一幅，留作紀念。」說著，便吩咐小沙彌取來筆、墨、硯和一疊宣紙。

住持說：「你能不能為我畫一個茶杯和一個茶壺？」

年輕人聽了，立即拿起筆，自信滿滿地說道：「這太容易了。」

年輕人寥寥數筆，就畫出一個傾斜的水壺和造型典雅的茶杯。那水壺的壺嘴正徐徐吐出一脈茶水，注到那茶杯裡。

「這幅畫您滿意嗎？」年輕人問住持。

住持微微一笑，搖了搖頭說：「你畫得確實很好，只是把茶壺和茶杯放錯了位置，應該是茶杯在上，茶壺在下。」

年輕人聽了，笑道：「大師何以如此糊塗，哪有茶壺往茶杯注水，而茶杯在上，茶壺在下的？」

住持聽了，又微微一笑說：「原來你懂得這個道理。你渴望自己的杯子裡注入那些繪畫高手的香茗，但你總把自己的杯子放得比那些茶壺還要高，香茗怎麼能注入你的杯子呢？」年輕人思慮良久，終於恍然大悟。

常低頭，才不會撞到頭

從事教育工作多年，我常從學習成果中發現，那些謙遜的學生認為自己什麼都不懂，總是努力鑽研、拚命練習，結果成效遠比那些自滿的人好得多。而高估自己實力的人考試沒過，輕敵的結果反而是落敗。怪不得大文豪毛姆會說：「唯庸才，方志得意滿。」

在現實生活中，因自大、自傲、懈怠而導致一敗塗地的故事不勝枚舉。有很多人不自覺就犯了自傲的毛病，一旦有點小成就，就趾高氣昂。殊不知，當一個人自以為學夠了的時候，才正是虛心學習的開始。

據說美國大政治家兼科學家富蘭克林，年輕時曾去拜訪一位長輩。當他一腳跨入長輩家大門時，由於門框太低，富蘭克林的頭不小心撞到橫梁，痛得他哇哇大叫、眼冒金星。

「是不是很痛？沒關係，這是你今天來看我最大的收穫！」那位長輩幫他撫一撫頭說道：「你必須『常低頭』，才不會『撞到頭』！」

富蘭克林將這句話銘記在心，從此待人謙虛有禮、謙恭為懷，最後成為有名的政治家。

你看，那些越成熟的稻穗，頭壓得越低，只有敗穗才會迎風招展、趾高氣昂，不是嗎？

醒腦哲學！

老子說：不自以為是，反而會受到別人肯定；正因不自誇，別人反而會抬高你；由於眼裡沒有自我，別人反而會重視你；不炫耀自己的功績，別人反而會讚賞你；不誇耀自己的才能，別人反而會尊敬你。

這就是建立人際關係的要訣：真正謙遜地放低姿勢，別人自然會幫你提升。

這也是提升學習效果的要訣：真正謙虛地放低姿勢，讓別人的智慧流向你。

24 沒有所謂的理所當然

如果你每天對某個人噓寒問暖卻從未被他感謝，心中做何感想？如果你為某人提供食物、衣服和遮風避雨之處，卻得不到一句謝語，又會覺得如何？

大部分人會不高興，甚至再也不給那個人任何東西，畢竟，連簡單幾句道謝都不懂的人，根本不值得你付出，是吧？

但當你的父母為你這麼做時，似乎就變成是應該的，有時還會被你挑剔，為什麼？因為你認為那是理所當然的，對嗎？這就是問題所在。

當你認為你的父親賺錢養家是理所當然的，你便覺得說聲感謝是多餘的。

當你認為你的母親忙碌家務是理所當然的，你便懶得主動幫忙洗個碗、拖個地。

當你認為你的父母噓寒問暖是理所當然的，你就不會感恩，甚至還嫌他們嘮叨。

香花久聞就不香，還可能讓人生厭

有個女孩跟媽媽大吵一架，氣得奪門而出，決定再也不要回到這個討厭的家了！一整天，她在外面閒逛，肚子餓得咕嚕咕嚕叫，但偏偏又沒帶零用錢出門，可又拉不下臉回家吃飯。一直到晚上，她來到一家麵攤旁，聞到陣陣的香味，真的好想吃一碗，但身上又沒錢，只能不住地吞口水。

忽然，老闆親切地問：「小姐，妳要不要吃麵啊？」她不好意思地回答：「嗯，可是……我沒有帶錢……」老闆聽了大笑：「哈哈，沒關係，今天就算老闆請客吧！」

女孩簡直不敢相信自己的耳朵，她坐下來，不一會兒，麵來了，她吃得津津有味，並說：「老闆，你人真好！」

老闆說：「哦？怎麼說？」女孩接著回答：「我們素不相識，你卻對我那麼好，不像我媽，根本不了解我的需要和想法，真氣人！」

老闆又笑了：「哈，小姐，我才不過給妳一碗麵而已，妳就這麼感激我，那妳媽媽幫妳煮了二十幾年的飯，妳不是更應該感激她嗎？」

被老闆這麼一講，女孩頓時有如大夢初醒，眼淚奪眶而出！顧不得還剩下半碗麵，立刻飛奔回家。

才到家門前的巷口，就遠遠看到媽媽焦急地在門口四處張望，她的心立刻揪在一起！有一千句、一萬句的對不起想對媽媽說，但還沒來得及開口，只見媽媽已迎了上來：「唉呦！妳一整天跑去哪裡了？嚇死我了！來，進來把手洗一洗，吃晚飯了。」

這天晚上，女孩才深刻體會到媽媽對她的愛。

這盞默默守候的燈，讓你忘了夜的黑

很多時候，我們對外人比對家人更溫柔體貼。朋友關心你，你會心懷感激，但一回到家，同樣關心的話就變成管太多；有人請你吃頓飯或幫個小忙，讓你感動，但為你做最多的人你卻視若無睹。

我想起《朵朵小語》有一篇「路燈」的文章：

「許多個夜裡，回家的路上，你經過那盞路燈，但也只是經過而已。你從不曾發現它為你照亮了前路，反正它一直都站在那裡，它的存在如此理所當然。這時你驀然明白，這盞默默守候在你歸途上的燈，曾經讓你忘了夜的黑。」

想想看，你周遭有沒有這樣的人，一直默默為你付出，你卻連聲道謝都沒有。你在等什麼？

我們通常不會在對方生前，而往往是等人死後才驚覺到，有很多話來不及說，想表達的感謝還擺在心裡；為什麼不現在就說？

醒腦哲學！

我們很少對親人表達感激的原因有好幾個。我問過學生，一般聽到的藉口都是：「他們應該知道我的感覺，不需要我親口說出來吧！」還有「有時我也想說，可就是不好意思！」更糟的是「都那麼熟了，有什麼好說的！」可是當我問他們是否喜歡受到別人的肯定和感謝時，十之八九的答案都是：「很喜歡。」這就對了！

每個人都盼望可以得到別人的認可，你不也是嗎？尤其是得到父母、另一半、朋友與上司的認可。他們也一樣。

然而鼓不敲不響，你不說出來，誰知道呢？

Part 5
你做事的態度

一個人最可悲的並不是他輸了，而是他本來會贏。

當人自視甚高，能力又不錯時，往往缺乏耐心；

而耐心不夠的人，只想逞一時之快，很容易半途而廢，

而由於根基沒打穩，所以往上發展的空間有限，

最後成就也非常有限。

有人說，想玩要趁年輕，讓人生是彩色的，

然而如果你急著把人生的顏料隨便揮霍，

接下來的人生很可能只剩黑白。

25／用願望克服欲望

人們的欲求可分「願望」和「欲望」兩種。我們常有夢想和希望，像是想考上好學校、想要身材苗條、想買房子、想要成功，這些我們「想得到的」都是願望；而欲望則是我們「想做的」，像是買喜歡的東西、想睡覺、想偷懶、想吃喝玩樂等等。

如果你想要達成願望，就一定要讓你的「願望」比「欲望」更強才行。譬如說，想要存錢買房子的人，若常常因一時衝動就買了一些不該買的東西，買房子將遙遙無期。

想要瘦下來的人，若一看到美食就嘴饞，不管做多少運動，都很難瘦下來。

想要考上好學校的人也一樣，若是每天都貪玩，怠惰懶散，那麼願望就很難實現。

你是否也成了欲望的俘虜？

在我還是個孩子的時候，每次生病都待在家裡，不必去上學，還可以躺在床上做白日夢。而我姐姐生病的時候，她仍然繼續讀書。當時，我懷疑她是不是頭殼燒壞了。明明可以偷懶，為什麼還傻傻地起床讀書？幾年後，她考上第一志願，我才了解到：她並不傻。

你是不是跟多數人一樣，總是感到懊惱：你明知道要努力用功，你心裡很清楚這是為自己好，但你卻沒有那樣做，你還是繼續上網、看電視，或者一有朋友打電話來，就立刻跟他出去玩。也可能你正在讀書，可是讀不進去，因為你的心思不集中，總是想東想西；或者你已經設定了某個目標，但卻有時做、有時不做，即使做也只做一半。你知道自己可以做得更好，但就是不肯盡力而為。

有多少次你答應過父母的事，後來都失信了？你有多少次都是等到快來不及才開始做事，使自己陷入壓力所導致的歇斯底里當中？你有多少次答應自己，不要說某些話、做某些事，卻因為沒有做到，後來乾脆放棄？你是否也成了欲望的俘虜？

先做你應做的事，才能做你想做的事

你想達成願望，就必須先學會自律。以作家來說，寫作需要很大的自律，你必須日復一日，每天早晨一起床，便絞盡腦汁地思考，分心的人是無法寫出作品的。不止寫作，我相信任何工作都一樣，成功是靠經常地、努力地、不間斷地傾入心力的結果。

有位通過臺大甄選入學的學生，他一個人就包辦四個商學系。記者問他是怎麼辦到的？

他說，當財富管理師是他的願望，為了準備口試，他幾乎每天以圖書館為家，並在一個月內，每天花三、四個小時，把一整年的天下雜誌看完，詳閱三、四十天份的財經報紙，且一面閱讀還一面做筆記、背誦，硬是把財經時事塞進腦裡，以應付教授的面試。

是啊！生命中有哪一樣美好的東西是輕鬆得來的？不管你喜不喜歡，有時你就是必須約束自己，去做你不想做的事。

記住，唯有先做你應做的事，將來才有可能做你想做的事。

醒腦哲學！

古人說：「一個人的智慧勝過飛禽，就可以捉住飛禽；一個人的智慧勝過野獸，就可以獵得野獸；一個人的智慧勝過別人，就可以獲得別人的服從。」

這話說得很妙！也就是當你可以征服自己時，你就可以超越自己；當你超越自己時，天底下還有什麼不能超越的？

把你的願望寫下來，它可以促使你起床就看見目標，而決心可以助你行動，自律可以讓你貫徹到底；用願望來征服你的欲望！

26／你的時間用在哪裡，成就就在哪裡

我們都知道生命是珍貴的，因為時間有限，每一個瞬間都是一去不復返的。

朱自清在《匆匆》文中寫道：「洗手的時候，日子從水盆過去；吃飯的時候，日子從飯碗過去；默默時，便從凝然的雙眼前過去；我覺察日子他匆匆而去，伸手挽留時，他又從手邊悄悄溜走……」可嘆的是，我們並沒有好好珍惜，而是在不斷地浪費。

重視你的時間，因為時間就是生命

我曾聽過一個比喻：假如有個被判無期徒刑的人，終身被監禁在監獄裡，在那裡有一座水塔，他不知道水塔裡有多少水（可能也不會太多吧）。依規定，他只能用水塔的水，用完也不能再補充。想像一下，這名囚犯每次取水的感受如何呢？他會毫無顧

忌地隨便浪費嗎？

其實我們每個人也有這樣的一個水塔，它就是「時間」，沒有人知道自己還剩多少，更可怕的是大家都一再地揮霍。尤其是年輕的時候，總以為自己還有很多時間，等到五年、十年過去，一事無成才感慨萬千。

小李每天有二十四小時，和他一起進公司的小張每天也有二十四小時，不同之處在於他們怎麼利用自己的時間。小李口才不錯，也很有自己的想法，但每次有空閒，他都找朋友閒聊，什麼也沒做。

相反的，小張一有空就閱讀，遇到問題立刻請益先進，幾年後，他不但獲得碩士學位，並升任部門主管。而小李呢？只是更老一點而已，其他什麼也沒發生。

抓住的時間像寶石，沒抓住的像流水

有句話說得好：時間像一張網，你撒在哪裡，收穫就在哪裡。

想想，如果你每天用一個小時閱讀，一星期看完一本書，一年可以看完五十二本書。你從中獲得的知識，將使你與同儕有別，不論你從事哪一個行業，都將使你居於上風。

同樣的一小時，我們可以去看地上的泥巴，也可以去看天上的星星；我們可以抱怨時間匆匆，後悔流逝的過去，也可以善用時間，創造美好的未來。

生命的結構很簡單，就存在於每一個小時裡，當我們用每個小時去做比別人更有意義的事，就會比別人有更豐富的生命。

話說一大早，太陽還沒有出來，一個漁夫來到了河邊，在岸上他感覺到有什麼東西在腳底下，原來是一小袋石頭。

他撿起袋子，放在一旁，坐在岸邊等待日出。他等待黎明，以便開始一天的工作，他懶洋洋地從袋子裡拿出一塊塊石頭丟進水裡。因為沒有其他事可做，他繼續把石頭一一丟進水裡。

慢慢太陽升起了，大地重現光明，這時只剩一塊石頭還在他手裡，其他石頭都丟光了。當他藉著日光看清楚他手中所拿的東西時，心跳幾乎要停止了，那是一顆寶石！原來在黑暗中，他把整袋寶石都丟光了！在不知不覺中，他損失了多少！他充滿懊悔，咒罵著自己，傷心地哭泣，幾乎要失去理智。

然而換個角度來看，他還是幸運的，至少還有一顆寶石留了下來。

我們在世上剩下的時光，就像這顆最後的寶石，能不好好珍惜嗎？快把握現在吧！

醒腦哲學！

每天我們都有必須做的事，有些是緊急的，有些是重要的。
要善用時間，首先要區分緊急與重要的事。
朋友電話邀約是緊急的，但完成課業是重要的。
連續劇開演是緊急的，但把工作完成是重要的。
準時赴約是緊急的，但安全抵達是重要的。
遵守截止日期是緊急的，但掌握工作品質是重要的。
決定什麼是最重要的，然後設定好目標與優先順序，不要讓緊急的事影響到重要的事。

27 只差一點，天壤之別

每次看到辦事草率或粗心大意的學生，總會再三提醒，然而得到的回答通常是：「馬馬虎虎啦！」或「只差一點，有什麼關係？」

但很多事也許就差那麼一點：學生寫作文，只差一個字而已，回家卻被父親痛罵一頓，因為他把「列祖列宗」寫成「劣祖劣宗」；火車八點十五分開，他十六分到達火車站，只差一分鐘而已，但火車開走了；大學指考的最低分數是三百二十五分，他考了三百二十四分，只差一分而已，便沒錄取。

洪蘭教授提過：報載兩個小學時坐在一起、功課不相上下的同班同學，因聯考差一分，一個上榜繼續念書，一個落榜做學徒。四十年後，一個是旅美學人，回國講學，一個是裝潢師傅，耳朵因職業噪音而重聽了。雖然只差一點，結果卻有天壤之別。

世界最遠的距離，是「只差一點」

有個男孩，從學校帶回英文期中考卷給爸爸簽名。爸爸看了，覺得「五十九分」馬馬虎虎，還過得去，便簽了名，並順手拿給媽媽看。

媽媽看了考卷，一臉不悅地把兒子叫到面前，說：

「這題單字這麼簡單，你怎麼會答錯呢？真是粗心大意！」

「因為試題太多，答不完！」兒子嬉皮笑臉地說。

此時，女兒也在一旁幫弟弟說話：「沒關係啦，才少一分而已。」

「才少一分而已？」媽媽很正經地回答：「以前你爸爸在參加大學聯考時，如果成績再『少一分』，就考不上了；考不上大學，就不會跟我同班；不跟我同班，就不一定會認識我；不認識我，就不會跟我結婚；不跟我結婚，這世界上就不會有你們兩個人！知道嗎？」

媽媽這麼一說，姐弟兩人聽得目瞪口呆，沒想到，只是「少一分」而已，竟然有這麼嚴重！

很多事是「馬虎不得」的

宋代京城有一個畫家，作畫往往隨心所欲，令人搞不清他畫的究竟是什麼。一次，他剛畫好一個虎頭，碰上有人來請他畫馬，他就隨手在虎頭後畫上馬身。那人問他畫的是馬還是虎，他答：「馬馬虎虎！」那個人不要，他便將畫掛在廳堂。

大兒子見了，問他畫裡是什麼，他說是虎，二兒子問他，卻說是馬。不久，大兒子外出打獵時，把人家的馬當老虎射死了，畫家不得不給馬主賠錢。他的小兒子外出碰上老虎，卻以為是馬想去騎，結果被老虎活活咬死。

這是「馬馬虎虎」這句俗語的由來，同時也再次提醒大家，很多事是「馬虎不得」的。

醒腦哲學！

一匹賽馬可能以一個鼻子之差險勝，跑步選手可能以一步之差落敗，游泳冠軍可能只勝出零點幾秒，籃球選手可能在終場鈴響前射籃；所有的差距其實都非常非常微小。

在大多數專業領域裡也一樣，大家都差不多，只需要差一點點，便有大不同。

失敗的人，只差了一點點。

成功的人，是多做了一點點。

頂尖的人，則是再多做一點。

小事成就大事，細節成就完美。所以，千萬不要只差那麼一點，就放棄了。

28／一切從基礎做起

古時有位張姓的大戶人家，看到附近李家興建一棟高大的豪宅，便找來建築工頭為自己蓋一棟。工頭著手設計，並畫好建築圖，拿來給張員外查閱。張員外一看，說：「你有沒有搞錯？我只要蓋地上像李家那樣高大氣派的豪宅，我不要蓋地下看不到的部分。」

工頭回答說：「地下看不到的部分是地基，沒有打好地基，就沒辦法蓋那麼高大的房子。」

張員外說：「我不管，我只想讓大家看到我也有高大氣派的豪宅，你就給我蓋一棟，我只付地上的錢。」

工頭只好苦笑，搖頭，離開。

各位想想這可能嗎？

凡事按部就班，都是急不來的

常聽說一些有音樂、繪畫天分的人，為了更上層樓，去報名參加訓練班或是拜師學藝，他們是為了什麼？是為了學習新的技巧，改正缺失，也為了打好根基。

許多父母很小就讓孩子去上全美語幼稚園也是如此，他們不是錢太多或是有虐待狂，而是希望提供最好的音律環境，為孩子打好根基。

不久前，我受同事邀請一道觀賞他女兒的鋼琴演奏會，才十幾歲的小孩，面對一整個音樂廳的觀眾，竟能彈奏出如此悠揚悅耳的樂曲。一曲終了，她優異的琴藝贏得如雷的掌聲。

你認為她的成果是靠臨時抱佛腳得來的嗎？不，她的成就並非從天而降。她每天坐在鋼琴前練習三個小時以上，練了整整十年。在這段期間，她必須放棄很多社交活動、電視節目，以及其他浪費時間的事，才能打好根基。

就像蓋房子，不可能一蹴可幾，凡事都必須按部就班，是急不來的。你不可能像種豆芽菜一樣，今天播種，明天發芽，後天就收穫；也不可能在春天無所事事，到秋天再辛勤工作，最後得到豐收的成果。

每次寫一個字！

東晉大詩人陶淵明不為五斗米折腰，棄官返鄉，過起農耕生活。鄉鄰中有個少年，很想在詩文上有所成就。一天特地登門造訪，恭恭敬敬地請教說：「老先生學識淵博，不知有什麼學習妙法？還望指教一二。」陶淵明聽完，哈哈大笑道：「天下哪有什麼學習妙法，真是荒唐，荒唐。」

見那少年一副似懂非懂的樣子，他指著門前一塊稻田的禾苗說：「你蹲在稻苗前，聚精會神地看，看它現在是不是在長高？」少年看了半天說：「沒見它們長高啊！」

「真的沒見它們長高嗎？那麼，春天的秧芽，又是如何變成現在尺把高的禾苗呢？」少年還是搖頭，表示不明白。陶淵明又說：「這禾苗每時每刻都在長，只是短時之內察覺不到；學習也得靠一點一滴累積，有時連自己都察覺不到，又哪裡有什麼捷徑呢？」

我教過一位學生，她寫了三百頁的畢業論文，最後終於得到博士學位。在一次聚會上，有人問她究竟是怎麼辦到的，她的回答是：「每次寫一個字呀！」這話說得真好！

完成重大任務的有效方法就是一次做一點。就像寫書，整體看來這工作似乎很吃重，但如果你一天寫一頁，就算週六、週日放假不寫，一年也能寫一本兩百六十頁的書。

醒腦哲學！

美國作家亞倫．阿諾曾幽默地寫道：「親愛的上帝，我祈求能有耐心，而且我現在就要。」這是多數人的通病。

當人自視甚高，能力又不錯時，往往缺乏耐心，因為你想速成，但成就一件事需要很多時間，所以腦筋動得快的人常會不務實。

耐心不夠的人，只想逞一時之快，很容易半途而廢，而由於根基沒打穩，能蓋上去的有限，最後成就也非常有限。

有人說，想玩要趁年輕，讓人生是彩色的，然而如果你急著把人生的顏料隨便揮霍，接下來的人生很可能只剩黑白。

29／以一個可見的目標點燃熱情

在日常生活中，如果你仔細觀察，就不難發現：不論大人或小孩，只要談到他喜歡做的事，情緒就會特別高昂。每當我們做自己喜歡做的事，精神也會比較專注投入，且很少感到疲倦。

比如說，有人去釣魚，整整在湖邊坐了十個小時，一點都不覺得累，為什麼？因為釣魚是他的興趣，他從釣魚中享受到快樂。喜歡賞鳥或看日出的人，可以等候大半天也樂此不疲，相反的，做不喜歡的事情就意興闌珊，像上班、上課時頻打哈欠，快遲到了卻爬不起床，或才做一會兒工作就無精打采。

英國著名心理醫師哈德菲研究發現：「人們大部分的疲憊是來自心理因素，真正因生理消耗而產生的疲勞是很少見的。」換言之，你忍受沉悶的功課、工作，又沒有更高的抱負與目標，讓努力變得具有價值與樂趣，並從中獲得力量，這才是倦怠的原因。

你的態度決定你如何體驗這個世界

十八世紀時，一文不名地從英國移民到美國，並在三十歲那年成為百萬富翁的安德魯．伍德曾說過一個故事。

一個孩童在舊金山海邊的山丘下出神地看著工人們操作重型機械，他天真又好奇地走近正在焊接大型鐵柱的三個工人。孩童問第一個焊接工說：「你在做什麼？」焊接工一臉倦容，很不耐煩地回答：「看不出來嗎？我在討生活啊。」

孩童接著對第二個焊接工問了同樣的問題。雖然第二個工人語氣比較好，但表情還是很不耐煩：「你看不出我在焊接鐵塊嗎？」

孩童又走向第三個焊接工。聽到孩童的問題後，工人暫時放下手上的工作，微笑地看著孩童回答：「我正在建造世界上最美麗的大橋！」

這三個人都是焊接工，在同一時間、同一地點、拿同樣的薪水工作，請問這三個人中，誰最有可能成功？誰最快樂？誰最有活力？

是第三個焊接工，對嗎？因為他的態度不同。

成功的事背後，一定有一顆熱忱的心

許多人做一行怨一行，總是說經濟不景氣、工作難找、前途暗淡，卻很少人反過來想一想，這難道跟自己消極的態度沒有關係嗎？

態度並不是決定於「你在做什麼」，而是決定於「你以什麼心態面對你做的事」。工作領薪水是一回事，因為工作而服務人群、帶給人幸福，又是另一回事。

我們應該喜歡自己正在做的事，應當每天帶著熱忱與快樂去上班、上課、學習。當然生活上難免會遇到不順心的事，或有困難阻礙，但重點在於，你是否想擁有不一樣的人生？是否願意為它付出代價？

如果現在你很難對生活產生熱情，那就試著假裝吧！譬如說，你認為自己沒有吸引力，那就表現得好像自己很有吸引力的樣子；或者你缺乏自信，那就表現出很有自信的樣子；如果你覺得倦了、累了，甚至病了，就表現出活力、有朝氣的樣子。只要記得「表現得跟真的一樣」就行了。

以一個可見的目標點燃熱情，任何阻礙都可以克服。

醒腦哲學！

管理學大師彼得．杜拉克曾說，一個人要隨時思考：我人生的目標是什麼？這目標要如何落實？

以下是設定目標的三個步驟：

一、寫下明確的目標：你必須對目標有明確的想法，以及在什麼時候達成目標。把目標寫在紙上，每天讀幾遍。

二、把自己達成目標的情景「視覺化」：找個舒服的地方坐下來並閉上眼睛，假想你已經成就目標時的景象：你看起來如何？你周遭的人事物有什麼改變？你自己感覺怎樣？

三、列出需要的行動步驟：要訂出計畫，比如讀書計畫、運動計畫、減肥計畫。就像蓋房子必須要有施工藍圖一樣，要用什麼材料、什麼工具？要在哪裡蓋？要蓋幾層？什麼樣的外觀？何時蓋好？都要有計畫，如此才能幫你有效達成目標。

30／我不是不會，只是還沒學會

「我不行！」、「我辦不到！」、「我怕做不好！」

這些話聽來是不是挺熟悉？怕失敗會不會使你打消原本想做的事？也許你想擔任某個職務，但怕做不好而放棄；或許你想參加某個比賽，但又擔心：「如果一開始就輸掉怎麼辦？」、「如果比賽時，我表現失常怎麼辦？」結果最後不了了之。

人一生中所犯的最大錯誤是一直害怕自己會犯錯。因為不去嘗試，又怎麼知道結果是什麼？

面對失敗的態度，將決定是否成功

嬰兒剛開始學站立的時候，會不斷跌倒又爬起來，但他們不會評論自己的表現如何，或是拿自己和他人比較，「哦！我怎麼這麼笨！其他的嬰兒一定站得比我挺。」一位科學家，做了幾次失敗的實驗，也不會就此認定自己是一位失敗者，否則愛迪生怎麼辦？他還「有臉」繼續實驗，進而發明電燈、電報、電影、留聲機嗎？

我很喜歡籃球巨星喬登為Nike拍的一段廣告，片中他說：「我沒命中的球超過九千次，輸過近三百場。共有二十六回，勝負就決定於我的一投，但我卻沒投進。」不過可以確定的是，每回他必定回去練投一百次。

所以，不要怕失敗。生命是一場試驗，需要你親自去發現。有時你可能做錯，但你的歷練就是這麼來的；如果你確定那是錯的，你就離正確更近。一個人犯的錯越多，他學到的就越多。只要跌倒後記得爬起來，那犯錯就沒有錯。

只有不怕失敗的人，才不會被失敗打倒

說一則故事：

有兩個人，一起到一家大公司應徵一個重要的職位。那個公司的董事長，對那兩個人的履歷表看了又看，還是無法下決定要錄用誰。

根據履歷表，他們兩個人的能力都很強。其中一個，從小到大做事從來沒有失敗

過。另外一個，做事雖然常失敗，但最後他還是和另一個人一樣，所有的事情都做成功了。

那個公司的董事長考慮了很久，最後決定要錄用那個經常失敗的人。公司裡的人都覺得很奇怪，為什麼董事長不錄用那個做事經常成功的人呢？難道董事長不怕失敗嗎？

董事長給了答案：「我們做事難免會有失敗的時候，很顯然的，他們兩個人有一樣多的成功經驗，可是其中一個，有無數從失敗的困境中重新爬起來的經驗，另一個卻一點也沒有。」

董事長停了一下，得意地繼續說：「我找到的是一個不怕失敗的人。」

他說得對，只有不怕失敗的人，才不會被失敗打倒。

試想，當你看到有人沒有手也可以成為傑出的畫家；看見有人沒有腿，卻能成為優秀的跳水和游泳選手；甚至像史蒂芬．霍金有肌萎縮性脊髓側索硬化症，導致全身癱瘓的人，還能醉心研究，成為世界最傑出的物理學家，你還有什麼藉口嗎？

記住，一個人最可悲的並不是他輸了，而是他本來會贏。

醒腦哲學！

如果你獲得一個不錯的機會，但壓力很大，不要讓害怕影響你的決定。問問自己：「最壞的情況是什麼？我可以接受嗎？」以及「如果我不害怕，我會抓住這個機會嗎？」如果兩者的答案都是肯定的，就去做吧！

你可以依此類推。比方說，你有機會去演講，你卻覺得害羞，便問問自己：「要是我不害羞，我會怎麼做？」答案很明顯，我會站在臺上，說出心中想說的話。

我承認一開始並不容易，但勇氣就是這麼產生的。你儘管害怕，還是繼續向前，就超越了自己，這就是勇氣。

Part 6

你經歷的遭遇

人們常會抱怨：
「為什麼我有那麼多問題、那麼多痛苦？」
答案是，你沒有從正確角度去看待問題——
當你把它看成一件壞事，才變成痛苦。
你不會碰上無法處理的問題，
你碰到的每一個問題都是為了讓你體會自己擁有的能力；
都是為了讓你發揮更多的潛能。
你的經歷就是這麼來的。
苦難不是人生挫折，而是人生存摺。

31／要轉頭，不要回頭

很多人常以為我們的生命之路只有兩條：一條正確，一條錯誤；我們應該在交叉路口就先判斷出那一條是正確的。

所以，一旦選擇的結果不如預期，我們就會後悔自己選錯了路。然而，生命並非如此對錯分明，如果你選擇道路A，你會學到一些東西；如果你選擇道路B，同樣會帶給你全然不同的機會和人生體驗。決定並沒有對或錯，只是路線不同。

沒有任何特別的祕訣能幫你做出永遠正確的決定。只能說，不論你做什麼決定，在當時，對你都是最好的。或許有些選擇將你帶往上坡的路，有些則是下坡，然而每條路都會引領你得到智慧。

沒有錯誤，只有學習

人回首過往，常會後悔自己做了某個選擇，「假如當初……」、「如果我……就好了」；要不就是一心幻想回到過去的某個時間點，現況就能完全不同。這當然不可能！因為你永遠無法回到過去，就算真的回去，你還是會做一樣的選擇，因為你還是過去的你，而現在你的後悔、悔恨表示你改變了，這不就是那些錯誤讓你學到的嗎？

這就是為什麼我常說：沒有錯誤，只有學習。試想，如果每件事都能心想事成，完全契合你的計畫，那你能體驗到任何新奇的事嗎？你的生命將只是無味的成功，無止境的重覆。就像打電玩遊戲，從頭到尾都沒有任何關卡和障礙，那多無趣啊！

贏和輸不是重點，重要的是你從贏或輸中得到什麼。有人因為贏而忘了自己，有人因為輸而認識自己；有人從磨難中萃取智慧，有人因成功而驕恣放縱。生命的格局，在那一刻當下立判。

我們必須把自己的想法從「輸／贏」變成「成長／收穫」。把人生想像成是終生學習，每個經驗都當作一個課程、是值得學習的機會，你就永遠不會挫敗。

凡走過的，都不是冤枉路

我發現大部分人在面對困境和麻煩時，常會問錯問題。「假如當初……」是令人洩氣的話，只會帶來後悔和抱怨，若能改成「下一次」，代表自己已在狀況中學到教訓，會更謹慎行事。例如，「早知道我就不要答應他」可以換成「我了解他的為人，下一次我不會隨便承諾了」。

集中注意力在出錯的地方，而非正確的地方，會造成永無止境的挫折循環。不但把問題放大，同時也阻礙我們解決問題。在面對失敗時也一樣，「我贏了／我輸了」這些都是錯誤的問題，正確的問題是：「我是否盡了全力／是否從中學到什麼」。每條道路都有不同的風景，只要你把人生看成是自己獨一無二的創作，就永遠不可能走錯路。

要轉頭，不要回頭。生命是往前走的，我們應該轉頭看看「學到什麼」，而不是在頻頻回首中遺憾終生。

醒腦哲學！

如果你對現狀不滿，就將思考的重點由「why me」轉為「how better」。

人們常會問：「為什麼我那麼倒楣？」、「為什麼我老是犯錯？」、「為什麼別人會這樣對我？」……這些以「為什麼是我」開頭的問句，常會導致消極、沮喪，而使情況變得更糟。

一個聰明、有智慧的人會換個方式問問題，比方說，用「該怎麼做才好」來問自己：「要怎麼做才能改善現況？」、「要怎麼做結果才會更好？」或是「我應該做什麼，才能轉變情勢？」這麼一問，很快就能讓你找到方向，讓你振作起來。

事情如何發生並不重要，重要的是我們如何處理，以及最後學到什麼。

32／天下沒白受的苦

我們何時需要才智呢？當遇到問題的時候。如果人生沒有問題的話，我們就會像豬一樣。豬沒有問題，牠們只是吃飯和睡覺；如果我們沒有任何挑戰，成天只知吃飯、睡覺，就會失去潛在的積極與進取心，變得越來越遲鈍。

人們常會抱怨：「為什麼我有那麼多問題、這麼多痛苦？」答案是，你沒有從正確角度去看待事物。沒錯，你確實有問題，但你把它看成一件壞事，這才變成痛苦。

請了解生活中發生的一切問題都是為了提升你。不管你遇到的困難或磨鍊是什麼，都是為了提升你的才能和智慧。

好事多「磨」

說一則故事：

一位音樂系的學生走進練習室，鋼琴上擺放著一份全新、超高難度的樂譜。已經三個月了！自從跟了這位新的指導教授之後，他感覺自己對彈奏鋼琴的信心跌到了谷底，消磨殆盡。

指導教授是個極有名的鋼琴大師。授課第一天，他給新生一份樂譜。「試試看吧！」他說。樂譜難度頗高，學生彈得生澀僵滯、錯誤百出。「還不熟，回去好好練習！」教授在下課時，如此叮囑學生。

學生練了一個星期，第二週上課時正準備讓教授驗收，沒想到教授又給了他一份難度更高的樂譜，「試試看！」上星期的功課，教授提也沒提。學生再次掙扎於更高難度的彈奏技巧。

第三週，更難的樂譜又出現了；同樣的情形持續著，學生每次在課堂上都被一份新的樂譜打敗，然後把它帶回去練習，接著再回到課堂上，重新面臨難上兩倍的樂譜，卻怎麼樣都追不上進度，一點也沒有因為上週的練習而有駕輕就熟的感覺，學生感到越來越不安、沮喪及氣餒。

教授走進練習室，學生再也忍不住了，他向教授提出這三個月來，何以不斷折磨自己的質疑。

但教授沒回答，他抽出最早的那份樂譜，交給學生。「彈吧！」他以堅定的眼神望著學生。

不可思議的事發生了，連學生自己都訝異萬分，他居然可以將這首曲子彈奏得如此美妙、如此精湛！教授又讓學生試了第二堂課的樂譜，學生依舊呈現出高水準。演奏結束後，學生怔怔地看著老師，說不出話來。

「如果，我不給你壓力和磨鍊，你可能還在練習最早的那份樂譜，不可能有現在這樣的程度。」教授緩緩說道。

苦難不是人生挫折，而是人生存摺

試想，是什麼決定了彈弓上的石頭能飛多遠？是看你能把彈弓的橡皮筋拉多遠，對嗎？

我也常被學生問到：「為什麼要給那麼多功課？」我的回答很簡單：「因為你是

這些功課的最終受益者。」

引自奧理略大帝的話：「當你肩負重擔時，必須了解這對你是件好事。你應該善加珍惜重擔帶來的考驗，並從中獲取養分，就好像人的胃從食物中吸取必要的營養來強壯肌肉，或是像在火堆中添加木材後，火會燒得更旺。」

你不會碰上你無法處理的問題，你碰到的每一個問題都是為了讓你體會自己擁有的能力；體會你人生中更多的可能，讓你發揮更多的才能和潛能。你的經歷就是這麼來的。

了解了嗎？正所謂好事多「磨」。

醒腦哲學！

天下沒有白受的苦。

命運若安排讓你受傷，是為了讓你變堅強；

命運若安排讓你受騙，是為了讓你變聰明；

命運若安排敵人給你，是為了讓你超越自己；

命運若安排讓你倒下，是為了讓你站得更穩；

命運若安排讓你迷路，是為了讓你找到新路。

如果你用較大的視角來看，你將了解現在發生在你身上的事，是為了提升你的才智；是為了更大的成功在做準備。要不是因為過去發生的那些事情，你將不會是今天的你。

33／阻止你的，也是讓你起飛的

Kevin 是朋友的兒子，在國中小學的時候，都是品學兼優的學生，經常被師長讚賞。但升上高中後，卻開始叛逆起來，經常與父母爭執，令家庭氣氛緊張。

有次我問 **Kevin** 為什麼變得叛逆，他回答說：「我都已經長大，不再是小孩子了，應該要有百分之百的自由，去做自己喜愛的事，爸媽不該把我當成小孩子來管教。我叛逆是為了爭取更多自由……」

當然，父母的看法可能不一樣。他們可能認為，自己本來就有教導孩子思想、行為、生活規範的責任與義務，適當的規範絕對是必要的。

風箏沒有阻力，很快就墜落

分享一個故事：

有個風箏在空中飛翔，它看到遠處有一片美麗的草地和野花。小風箏對自己說，如果能到那裡看看多好，那些花比這裡的岩石好看多了。

但有一個問題，風箏的線不夠長，不能飛到想去的地方，於是它又拉又扯，終於線斷了。風箏快樂地飛向花草，但過沒一會兒，就摔下來了。那條似乎使風箏不能自由的線，其實是它高飛的原因。

大多數人以為自由就是能隨心所欲地做自己喜歡的事，但這不是自由，是放縱。你可能有一些跟你差不多年紀的朋友，他們愛在外面待多久就待多久，要穿什麼就穿什麼；他們隨時可以跟朋友出去，想去哪兒就去哪兒；也許他們的父母太忙了，沒時間留意子女在做什麼，或是根本管不動他們，甚至放任不管。但這樣真的好嗎？

我不認為所謂「愛的教育」就是讓孩子為所欲為，否則愛之足以害之，就像前面故事中的風箏一樣。

當水沒有了限制，便灘成一片

有個年輕人對蘇格拉底說：「我要自由，完完全全的自由。」

「我也想要完完全全、不受任何拘束的自由。」蘇格拉底回道。

年輕人覺得很奇怪：「那你為什麼要有約束的自由呢？」

蘇格拉底沒有回答，只把杯中的水潑到地上。「你現在能把潑到地上的水收集到杯子裡嗎？」蘇格拉底問年輕人。

「這是不可能的。」年輕人肯定地說。

蘇格拉底說：「我之所以選擇有約束的自由，是因為自由與約束，就像這水與杯子啊！」

我們可以將規範想像成一種容器，就像杯子，我們可以用杯子盛水、攜帶水或喝水。如果把杯子拿掉，讓水自由，但當水沒了限制，沒有杯子可以依靠，便灘成一片。

生活沒有外力的約束，人往往容易渙散，就像沒有了限制的水杯，就無法盛水。

自由存在於紀律中，這就是自律。所以，下回當你想要更多的自由時，不妨先問自己是否有足夠的自律，如果答案是肯定的，我想父母也就毋須設限太多，因為沒必要。

醒腦哲學！

父母常會規範哪些事呢？

通常包括做功課、分擔家務、回家的時限，也可能包括使用電話、電腦和看電視的規定，或是涉及你在外面的活動，以及交往哪些朋友。

完全沒限制就好嗎？

大多數年輕人都承認，家裡沒有人管就會亂成一團；行為沒有約束就很容易走樣，甚至誤入歧途，還有些人會因此認為父母漠不關心。

所以，不要再羨慕那些愛做什麼就做什麼的人了，也許他們所欠缺的就是父母的關愛。

34／你會得到需要的，而不是想要的

人生道路有時曲折，會突然來個大轉彎。我們會為這些事情貼上好壞的標籤，雖然我們不見得明白發生的理由為何，不過多數人都會選擇相信那是神的旨意。

然而如果真的有神，祂何以忍心讓人們嘗盡生命的折磨與苦難？世界許多不公不義之事，諸如天災人禍，好人反而受到屈辱等，即使普通人都難以置身事外，難道神可以無動於衷嗎？這是人們常有的疑惑。神如果是慈悲的，祂為什麼不多做點「好事」？祂為什麼不讓每個人都順心如意、心想事成？

在回答這些問題之前，先看下面這則故事。

刀要石磨，人要事磨

有位老師告訴全班同學：「現在，所有小朋友把你們的作文簿和鉛筆拿出來。我們今天的作文題目是：假如我有一百萬元。」

所有小朋友開始認真書寫，只有小華繼續坐在椅子上，望著窗外的操場發呆。

老師走上前問他：「小華，大家都快寫完了，怎麼你還不趕快努力寫？」

小華回道：「努力？有了一百萬我還需要努力嗎？」

柏拉圖說過：「對一個小孩最殘酷的待遇，就是讓他『心想事成』。」如果神對你有求必應，給你想要的一切，你要如何成長？你還需要努力嗎？

這就是答案。你無法得到你想要的，但你會得到你需要的。

神知道做什麼是對你最好的，祂會照著對你有幫助的事情去做，而不是照著你的想法去做。祂不願看你一生庸庸碌碌，祂會安排你的生命中存在某些挑戰來試驗你，祂會將不喜歡的人、事、物帶進你的生活來磨塑你。你也許不喜歡那樣，也許想逃開，甚至想抗拒，但神會一直讓這些問題發生，一次又一次，直到你通過考驗為止。

那些毀滅不了你的，只會使你更堅強

猶太法典說：「上天所做的任何事，都是為了最好的結果。」一凡是我們稱為好或壞的事情，都不過是出自一個既定的狹隘觀點。一切發生的事之所以會發生，都有某種深刻的因由。不論發生什麼事，都不要以表面來判斷它。

是的，會很艱辛，但透過這歷練就會有很大的轉變。

是的，會有煎熬，但等苦盡甘來就會有豐碩的果實。

以後當你回顧經歷過的所有困境，你會發現，那些毀滅不了你的，只會使你更堅強。有了這分認知；一旦事情深層的意義被了解，無論生命裡發生任何事件，好的、壞的、迂迴曲折的、事與願違的，你都會豁然開朗，你都會心存感激。

醒腦哲學！

不論你的遭遇如何，告訴自己：「這就是我需要的。」它看起來也許痛苦難受，但你要把它視為一個機會和挑戰，勇敢地迎向它。

如果你必須經歷暴風雨，那麼就去經驗，但要快樂地、積極地去面對，為什麼要表現出悲慘的樣子？如果暴風雨是為了讓你成長；如果風雨過後會有美麗的彩虹，為什麼不欣然接受？

35／你要接刀刃，還是抓刀柄？

大多數人的快樂都取決於境遇，當一切順心就如意，當事與願違就不如意；外境怎麼變化，心境也隨著轉變。然而外境往往無法盡如人意，那就是為什麼人們經常不快樂。

所以，從心理學家到勵志大師，都一再提到「境隨心轉」、「正面思考」，我們的心要因不同的環境和處境，去做不同的調適與轉變，才能順應各種外境。

有時我們會碰到一些人，境遇並不好，他們卻活得很快樂；還有些人處境悲慘，卻可以苦中作樂，為什麼？其實關鍵就在正面思考。將這種「轉念」發揮得最淋漓盡致的人，無疑是丹尼爾．狄佛（Daniel Defoe）筆下的魯賓遜。

我們無法改變處境，但可以改變心境

當魯賓遜漂流到無人荒島時，他並沒有茫然失措地坐等死神召喚，他做了一件事救了他自己：他從海灘上撿起船沉後漂到海邊的紙跟筆，並列出了兩張表。一張列著他現在所面對的困境，一張列著他擁有的優勢。

困境是：我被困在一座無人島上，獲救無望。

好處是：我還活著，沒有像其他同伴一樣被淹死。

困境是：我完全找不到任何衣服可以穿。

好處是：我漂到非常炎熱的地方，用不著穿衣。

其餘的以此類推。

最後他決定，要把那些負面的、無法改變的事實通通都忘掉，一心一意只想那些正面的事。

我們當然可以說魯賓遜的行為是一種自我欺騙，因為那些被列出來的「困境」並沒有消失。但透過「正面思考」，他不再追求遙不可及的夢想，而是看重已經擁有的東西；他不自怨自艾，反而冷靜地以智慧和毅力化解重重危機。他主動掌握了生命的主導權。

只要面向陽光，你就永遠看不到黑暗

飛鏢俱樂部有句名言：「命運向你甩出匕首時，你有兩個對策：接刀刃或抓刀柄。」你要接刀刃，還是抓刀柄，全由你決定。

我聽說有兩個人，他們在同一場車禍中受傷了，一個很沮喪，另一個卻還每天笑嘻嘻的。

他們的反應為什麼這麼不同？因為很沮喪的那個人不斷愁眉苦臉地問自己：「為什麼我那麼倒楣，遇到這種事？」而另一個卻說：「感謝老天，我還活著！」

日本經營之神松下幸之助也講過一個故事：

有兩個鄉下人一起到城裡謀生，他們一到城裡就目睹了一副景象：城市裡有人在賣水。甲說，這城市連水都要花錢，生活費用太高，很難維持生計，於是打退堂鼓，回到鄉下去了，從此過著貧困憂鬱的生活。乙的看法則正好相反，他說城市裡連水都可以賣錢，那麼賺錢一定很容易，於是留在城裡工作，發展出一番事業來。

生活本來就不完美，不管什麼環境，即使它看起來是負面的，我們也必須嘗試看它正面的部分，這就是樂觀——即使在最糟的情況下也能看到最好的一面。

我們無法改變處境，但可以改變心境；我們無法改變人生，但可以改變人生觀。

沒錯，只要面向陽光，你就永遠看不到黑暗。

醒腦哲學！

每當發生問題時，問自己：「這可能有什麼好處？」接著，至少想想這問題會產生哪兩個有價值的成果，要是真的什麼都沒有，那這個問題總還能磨鍊你的心性，比方像同情心、耐心及信心等等。

阿拉伯有句諺語：「別惱怒玫瑰花叢帶著刺，應該慶幸，在刺叢中長出玫瑰。」世人常因玫瑰多刺，而抱怨上蒼，卻少有人因刺上有玫瑰，而感謝造物主。

當命運遞給你酸溜溜的檸檬，只要加點糖，它就變成好喝的檸檬汁。

36 相信自己，希望就在不遠的地方

從前，有一老一小兩個相依為命的瞎子，每天靠彈琴賣藝過日子。一天，老瞎子終於支撐不住，病倒了，他自知不久將離開人世，便把小瞎子叫到床前，緊緊拉著小瞎子的手，吃力地說：「孩子，我這裡有個祕方，可以使你重見光明。我把它藏在琴裡面了，但你千萬記住，你必須等到彈斷一千根琴弦，才能把它取出來，否則，你是不會看見光明的。」小瞎子流著眼淚答應了師父。

一天又一天，一年又一年，小瞎子謹記師父的遺囑，不停地彈啊彈，並將一根根彈斷的琴弦收藏著。當他彈斷一千根琴弦的時候，那個小瞎子已到了垂暮之年。他按捺不住內心的喜悅，雙手顫抖著，慢慢打開琴盒，取出祕方。然而別人卻告訴他，那只是一張白紙，上面什麼都沒有。就在他聽到的一瞬間，他笑了。

原來那個祕方就是「希望之光」。他突然明白師父的用心，倘若沒有它，或許他早就被黑暗吞沒；或許早已在苦難中倒下。就因為有希望的支撐，他才堅持到現在。

人可以絕望，但不能沒有希望

關於希望，最特殊的一點就是完全出自內心。許多重症病人都經歷過夢魘般的歲月，他們之所以能從煎熬中挺過來，都因為懷抱著「希望」；許多在滅絕人性的集中營裡的戰俘，經驗到難以想像的恐懼和折磨，也是抱著一線「希望」，才存活下來的。

我曾聽說過一個蘇丹小男孩的故事。他的村落被一群反抗者占領，他們幾乎殺光了全村的人，包括小男孩的父母。小男孩躲在一堆瓦礫堆下裝死，因而存活下來。

小男孩帶著很少的食物和水，徒步走了幾百里，因為父母曾經告訴他，在河口有個姊妹村莊，如果發生緊急情況可以逃到那裡。他走了數個星期，用盡所有力氣，全憑一絲「希望」，終於抵達新的村莊，並得到良好的安置。

希望就是在你倒下前，一直支持著你、不讓你倒下的力量。

在你看到之前，你必須先相信

每個人都需要希望。例如，你希望考上好學校，或希望人際關係有所改善，或希望能戰勝病魔，或希望夢想會實現。一個希望代表一道光芒、一個讓人突破困境與黑暗的力量；不論有何困難、試煉與挫折，只要心懷希望，就能忍受痛苦，堅持下去。

如果你懷有希望，那麼採取必要的行動就顯得很重要。因為光是希望還不夠，我們還必須跨出信心的步伐。如果你想考上某個學校，就必須擬定讀書計畫；如果你患病，就必須為康復擬定計畫……，真正的信心便會尾隨行動。

希望可以不斷幻滅，不可以幻滅的是信心，就像這隻充滿信心的蝸牛：

一個寒冷多風的日子裡，一隻蝸牛開始爬櫻桃樹。有隻麻雀取笑牠說：「你這麼努力爬，但難道你不知道樹上沒有櫻桃嗎？」這隻蝸牛沒有停止，繼續往上爬，說：「當我到達時，那裡將會有櫻桃。」

是的，相信自己，希望就在不遠的地方。

醒腦哲學！

第一步，寫下希望。

拿出一張卡片寫下心中最深的希望與需要，它可以幫助你在最灰心的時刻、最無助的景況，找到堅持下去的力量。

第二步，相信希望。

如果你沒有打開窗簾，太陽升起你也看不到；如果你不相信希望，就感受不到自信。你必須表現得好像希望成真一樣，你就會找到自信。

第三步，走向希望。

人生道路重要的不是你的出發點，而是你前進的方向。所以，趕快踏出你的第一步吧！

Part 7

你的每個念頭

生活就是我們一整天在想的每一件事。

如果你一直懷著正面的想法，

你的人生就會往正面的方向前進；

如果你的想法總偏向負面思考，那你也會過消極的一生。

你過得如何，擁有什麼樣的人生經驗，

只要看你平常最常想的事，便可得知。

37／每一個經驗都是從想法開始的

什麼是影響你人生最重要的關鍵？

答案不是生辰八字，不是星座血型，也不是出生背景，或是婚姻事業，更不是任何人。想出來了嗎？沒錯，是你的想法。

如果你有焦慮的想法，你就會變得焦慮；如果你有悲傷的想法，你就會變得悲傷；當你轉個念頭，想著快樂，你就會感到快樂；當你有愛的想法，你就會體驗到愛。改變想法，你就改變了經驗。

還記得上回你心情不好是什麼時候嗎？當時你為什麼會如此氣憤、沮喪、挫折？一定是先有了負面的想法，對不對？有了憤怒的想法，你才會生氣，有了消沉的想法才會感到沮喪，有了挫敗的想法才會覺得挫折。每一個經驗都是從想法開始的。

生活就是我們一整天在想的每一件事

心理學有個著名的「ABC理論」。A指事件的起因，B是想法，C是事件的結果。相同的A可能導致不同的C，關鍵就在B。

例如，某天從巷子裡衝出一隻狗把你嚇了一跳，當時如果你想：「這瘋狗！差點撞到我！」你就會覺得自己很倒楣，心情自然也不會太好。反之，如果你的想法是：「喔！還好衝出來的是狗而不是車子。」你還會覺得自己倒楣嗎？不，你可能會覺得很慶幸，對嗎？

朋友約會遲到，如果你想的是：「那麼晚還沒來，真不守信？」你當然會不高興；而如果你想的是：「他會不會出了什麼事？」這時你非但不會生氣，反而還會替他擔心。

騎車跌倒受傷，如果你心想：「小災避大難。」心情很快就會釋懷；但如果你想：「最近是不是走楣運？」便會聯想到最近發生所有不愉快的事，情緒也會跟著低落。

生活就是我們一整天在想的每一件事。如果你一直懷著正面想法，你的人生就會往正面的方向前進；如果你的想法總偏向負面思考，那你也會過消極的一生。

有一半是滿的，還是有一半是空的？

你是否聽過這個測驗，在一公升的玻璃瓶中倒進半公升的水，然後請別人描述這個瓶子，看他們認為瓶子有一半是滿的，還是有一半是空的？這提供我們一個滿確切的依據，了解對方大致的人生觀。

人有什麼觀念，就有什麼行為；
人有什麼行為，就有什麼習慣；
人有什麼習慣，就有什麼性格；
人有什麼性格，就有什麼命運。

當你人生不順遂時，你可以問自己：我是否因為「悲觀的人生觀」才造成「悲慘的人生」？

我完全同意哲學家亨利．大衛．梭羅說的：「一個人的命運決定於他對自己的想法。」你過得如何、擁有什麼樣的人生經驗，只要看你平常最常想的事，便可得知。

你覺得自己命不好，那是因為你只看到水杯「半空的部分」。

醒腦哲學！

想改變人生經驗有兩種方法：

第一是改變事件。清除你不喜歡的每件事，並引進你喜歡的每件事。不過由於沒有人可以掌控人生經驗，因此常導致緊張、衝突、挫折與失望。

第二是改變想法。你不能控制每件事，但你總可以控制你對這件事的想法。有趣的是，當你改變對這件事的想法，你也改變了經驗。

思想是人生的方向盤，當我們轉念的時候，也就是在轉動人生的方向盤，使我們的人生朝不同的方向前進。

38 信·則·靈

醫院裡有兩個患者，他們得了一模一樣的疾病，其中一人相信，他的病很快會被治好，幾天後就能回家；另一個人卻想，這個病很難治療，而且這家醫院的醫生看起來又不怎樣，說不定會越搞越糟。誰的看法是對的？

兩個人到同一家寺廟去求神，其中一個認為這家寺廟很靈驗，有求必應；另一個卻覺得不靈，祈求的事都沒實現。哪一個是對的？

答案是：以上皆對。為什麼？

因為「信．則．靈」。為什麼信就會靈呢？因為任何被你認定的事實都會成真。

相信就會看見，看見就會實現

有三個年輕人想嘗試創業，但心裡又有不安，於是他們不約而同地到一間靈驗的寺廟裡問神。

神明給了三人相同的指示：到寺廟後面的花園，找那棵最大、最老的樹，你們就可以看見改變人生的啟示。

三人遵照指示，找到了那棵樹。樹上有一隻罕見的大蜘蛛，正在結網。眼看網子已接近完工，突然一陣大風吹來，把蜘蛛網吹破了。這隻蜘蛛只好重新開始，但即將完成之際，天空卻落下大雨，又摧毀了蜘蛛網。三個人看了都若有所思地回家。

好幾年後，三人在朋友的婚宴上巧遇。第一個年輕人，還是跟以前一樣抑鬱不得志；第二個人後來換了工作，發展還算順利；至於第三個則發了大財，成了成功的企業家。

談起當年的往事，第一個年輕人感嘆地說：「神明給我看了蜘蛛結網的啟示，讓我明白如果貿然辭職，結果一定是一事無成，所以我繼續待在原公司，至今果然也沒有什麼太好的發展。」

第二個人聽到這番話，很驚訝地說：「是嗎？我當年看到蜘蛛結網，心想：『這隻蜘蛛如果等天氣好了再來結網，一定可以省很多力氣。』所以我後來等到景氣回溫，就連忙轉換跑道，現在事業頗為順利！」

第三個人皺起眉頭，說：「神明不是希望藉由這件事，鼓勵我們『越挫越勇』嗎？

所以我後來就提起勇氣創業，也的確在遭逢許多挫折之後漸漸步上軌道，穩定經營著一家公司。」

不管你認為自己幸運或倒楣，你都是對的

佛經說：「我們的一切表現是思想的結果。」聖經上也說：「你所說的、心裡所相信的，都將成真。」

如果你相信人性本善，你就會遇到一些好人，好事也會陸續發生在你身上；如果你認為人性本惡，你就會感知人性險惡的一面，對別人的疑心病也越來越重，然後別人對你的反應會更加驗證你的看法。

我認識兩個人，他們在同一個部門上班，主管常會交付額外的工作給他們，其中一人認為，主管是吃定他，才會找他麻煩；另一個人卻認為主管很看重他，才會找他幫忙。

後來果然，前者經常遇到麻煩，而後者則受到重用。

就像有句老話說：「不管你認為自己幸運或倒楣，你都是對的。」你相信什麼，看到的就是什麼。

醒腦哲學！

不管你相信什麼，只要信念夠強就會變成真的。

每天不斷肯定地告訴自己，說自己是個樂觀進取的人，讓你的姿態、言談、想法都表現出你已經是這樣的人，你會驚訝於心情比以前好得多，也更有自信，然後你就會更深信這套心靈改造方法的神效；這就是相信法則（the Law of Belief）。

39／我就知道會發生這種事

有位年輕人開車到鄉下，半路上車子爆胎了，他打開後車廂，發現沒有千斤頂，然而四周都是荒野，只有遠處有戶農家，在這個大熱天裡，他只好心不甘、情不願地走去借。

邊走他邊想：「這戶人家又不認識我，不可能會把千斤頂借給我！」他越想越覺得對方一定不會借給他，因為他的車離那麼遠，對方一定會擔心他借了不還……，他不斷地往壞的方向想，越想心情越糟。

所以當他到達這戶人家門口時，心情已大受影響，便不自覺地用力敲人家的門，所以對方一開門，就說：「你敲門怎麼那麼沒禮貌？」

他一聽，心想完了：「我就知道他不會借給我！」結果東西還沒借到，就跟對方吵了起來。

我們總是將事情想像成不好的結果，以至於當壞事真的降臨時，我們就說：「看吧！我預測得果然沒錯！」甚至覺得有點安慰，「還好沒有太樂觀，否則現在情形可能會更悲慘。」

「悲觀的人生觀」造成「悲慘的人生」

為什麼人們那麼習慣把事情往壞處想呢？

原因之一是人們很怕挫折、怕期待落空，因而先預期「事情絕對沒有想像中順利」，如此就算失敗了，也證明自己有先見之明，需要承擔的風險與努力自然少多了。

另一個原因則是，我們總對「人生不如意事十之八九」深信不疑。所以，每當有人想做些新的嘗試或面對挑戰時，人們很少去鼓勵，反而會潑冷水：「事情沒有你想的那麼簡單，別一廂情願了」、「競爭者太多，你沒機會的，我勸你還是死心吧」。即使「僥倖」成功了，許多人還是會懷疑：「這麼好的事，怎麼可能落到我身上？」

雅雯就是這樣，她剛從學校畢業，在一家公司謀得會計之職。她沒有相關工作經驗，卻在幾十位應徵者中脫穎而出，實屬不易。起初她興奮莫名，但過了些時日，她感到越來越不安，心想：「自己運氣不會那麼好吧！接下來一定會發生什麼壞事。」

結果過了兩個星期，她外出時家裡遭了小偷，於是她對自己說：「我就知道會發生這種事。」

失敗的最大前兆即是預測可能會失敗

當好運來到我們生活中，我們卻說：「我不相信有這種好事。」這麼做就真的把好運推開了。

好的預言往往帶來好的結果，好的結果又強化了原先的預期果然正確。相反的，壞的預言往往導致壞的結果，而壞的結果又證實了先前的預期果然正確。

這類情形也常發生在學校。被編到「放牛班」的學生常有「看壞自己」的傾向，這與教師的預期有關，因為學生知道老師對他們的期望不高，加上自己被編到「放牛班」，成績已無可救藥，便對自己也不抱什麼期待，進而影響他們各方面的表現；這即是心理學上的「自我實現的預言」。

有位教授在被問到「老是對自己說喪氣話」這個問題時，他說：

「我經常碰到這樣的事。有的學生不停跟自己說：『我考不上，我無法通過考試。』搞得心情非常消沉，結果真的沒考上。做筆試時，他們一看到考卷就相信自己一定會不及格；做口試時，一看見主考官腦袋就糊成一團。這就好像他們不停在勸自己：『一定要失敗、一定要失敗』似的。」

沒錯，一開始就擔心失敗的人，其實已經做了預言。

醒腦哲學！

失敗的最大前兆即是預測可能會失敗。

如果你覺得自己沒有吸引力，你能吸引到什麼樣的人？

如果你認為自己沒什麼價值，你怎能期待得到更好的評價？

如果你相信自己會被打敗的話，那你已經先把自己打敗了，不是嗎？

有句話說得好：「不是因為有些事情難以做到，我們才失去信心，而是因為我們先失去了信心，事情才顯得難以做到。」

打開僵局和解決問題的方法有很多，但你若一開始就假定它行不通，顯然它就行不通。

40／你看著哪裡，就會往哪裡去

你有沒有這樣的經驗？經常覺得自己好像快感冒了，結果第二天就真的感冒了；在課堂上不想被老師點到名，結果老師偏偏點的就是你。

你跟某人最近鬧得不愉快，心情大受影響，於是你告訴自己：「我不要再去想那個人了！」但是整天下來最常出現在你腦海裡的就是他。

人們嘗試避免的事，就是他們會得到的事。如果你不相信，試試看這個練習：不管你做什麼，都不要去想一隻粉紅色的猴子。

怎麼樣？你剛剛是不是跟我一樣，也想到一隻粉紅色的猴子？

擔憂就是祈求你不想得到的東西

美國史丹佛大學的一項研究顯示，人大腦裡的圖像會像實際情況那樣刺激人的神經系統。比如，當一個高爾夫球選手擊球前一再告訴自己：「不要把球打進水裡」時，他的大腦裡就會出現「球掉進水裡」的情景，結果事與願違，球就真的掉進水裡。

我們經常會在棒球比賽的轉播中，聽到解說員這麼說：「這位投手的高球很難打。」打者多半也已知道，不過，他們還是會揮棒；越是覺得「高的球打不到」，意識就越集中在高球上，所以球來的時候，反而會不由自主地揮棒。

當我們一直擔心某件事時，即是「預期會發生那件事」，結果就發生了。在生活中我們經常看到類似的例子。

失眠患者每到夜晚就感到焦慮，擔心另一個難熬的夜晚，然而當他越感到焦慮就越難入睡。

主管若認為某員工懶惰且不負責，不信任他，不願交付他太多職務，那這名員工就會因為沒有事做而變得懶散且沒有表現。

一個怕自己緊張會手忙腳亂的人，當他心裡越怕，就越容易手忙腳亂。

注意你想要的，而不是你不要的

曾有位跳降落傘的學員受傷送醫，被問及事發經過時，他回憶道：

「原本一切都非常順利，我一邊沿著降落場一側滑翔，一邊小心翼翼地照著學過的步驟進行著陸前的準備。就在此時，我發現一棵光禿禿的樹枝伸向我，我無法轉移視線，眼裡只看見它。我一邊想著不要往下，可是卻不斷往下。」

「你為什麼不避開樹呢？」在一旁的教練問。

學員說：「我並不想要撞上那棵樹，可是卻偏偏撞上了。」

教練說：「其實你有足夠時間可以避開，可是你卻眼睜睜讓自己撞上去。你的眼睛看著哪裡，人就會往哪裡去。要是你不想降落在某樣東西上，就不該盯著它看。」

這就是我要傳達的，當你看著哪裡，就會往哪裡去。我們應把注意力放在自己「想要的」，而不是「不要的」事物上；永遠不要「聚焦」在任何你不想它發生的事情上。

醒腦哲學！

我們留意的是什麼，得到的就是什麼。與其嚴防著不想要的，倒不如好好想自己想要的是什麼。

譬如說，如果你害怕失敗，就將注意力放在成功上，想像自己已經獲得成功的感覺和喜悅；如果你害怕變老，那就經常保持年輕的心態，讓全身上下都充滿朝氣與活力；如果你討厭某個人，那就去想一些你喜歡的人就對了！

只要你能把注意力放在一些美好或期待的人、事、物上，結果便會朝那個方向前進。

41／與其忙著除草，還不如種花

有一個足球隊的教練在比賽前一天，把所有隊員帶到一棟十層樓高的頂樓。在這棟與另一棟高樓之間，架著一塊木板，他要大家從木板上走過去，可是大家看到高樓下面的車水馬龍，都面面相覷、裹足不前。

接著教練將這塊木板取下，放在頂樓的平臺上，要大家從上面走過去，大家便輕鬆地魚貫而行。

教練笑著對隊員說：「同樣的一塊木板，放在平地上，你們能輕易走過，是因為你們的注意力放在這塊木板上，可是將這塊木板移到兩棟十層樓高的建築物之間，就很少人能從上面走過去，因為你們的注意力是放在木板下面的景象。」

教練停頓一下，轉而嚴肅地對大家說：「你們在踢球時，注意力不要集中在群眾、媒體或輸球的可能性上，而是要專注在球上，才能發揮潛力把球踢好。」

第二天球賽，足球隊果然不負教練的期望，以懸殊的比數擊敗了對手。

把眼光放在發揮優點，而不是掩飾缺點上

我們的心一次只能注意一件事。你不能同一時間想接球又丟球，也無法同時想著比賽，又想其他的事，你只能選擇其一。

我曾看過一篇女歌唱家成功的故事：

有一位老先生在聽完女歌手的演唱後，到後臺告訴她：「妳有歌唱的天賦，但照現在的情況繼續下去，妳不會成功。」

女歌手很驚訝地說：「為什麼？」

老先生說：「不瞞妳說，妳有些暴牙，妳在歌唱時一直想掩飾它，所以嘴巴忍不住想闔起來。妳聽我說，暴牙並沒有什麼不好，它正是妳的特色。不要在意妳的暴牙，好好去唱，才能唱出妳最好的歌聲。」

這位女歌手就因為長輩的指點，在歌唱上脫胎換骨，成為成功的歌手。

這就好像照相機的鏡頭，放在哪裡，就看到哪裡。如果你想成功，就應該把眼光放在發揮優點，而不是掩飾缺點上；如果你想早日康復，就要想如何過美好的生活，

而不是整天想著對抗病魔。

一位克服了癌症的年輕人說：「有人問我如何治好癌症，我總是說：『我沒有去管我的病，我只是決定要專注在生活上。』」

沒錯，與其去想「我不想死」，何不去想「我要怎麼活」。

焦點轉換，悲慘的遭遇就變成美好回憶

有個學生在失戀後消沉了好幾個月。我問她：「最近是否好些了？」

「沒有，我還是忘不了他，」她說：「每想到他，就覺得很難過。」

「妳可以把注意力放在失去的傷痛上，也可以懷念過去美好的感覺和快樂的事。」我說。當焦點轉換，悲慘的遭遇就變成了美好回憶。

如果我對你說：「從現在起，不要去想檸檬，別想檸檬汁酸氣撲鼻的味道，別想那刺激的酸味。」如果我不斷告訴你不要檸檬，你會不會想著檸檬？答案幾乎是肯定的，除非你一心想著柳橙或其他水果。

最近有位朋友問我：「這幾年來，我試著戒煙很多次，但不管多努力，每次都失敗，該怎麼辦？」

我告訴他：「與其跟想要戒除的事物對抗，不如努力灌溉你想要的事物。當你想抽菸的時候，可以做些你感興趣的事來轉移注意力，例如聽喜歡的音樂、讀書、尋求朋友的陪伴，或到外頭散散步……等等。只要抽菸不再是你最注意的事，它就會漸漸被你遺忘。」

了解了嗎？與其忙著除草，還不如種花。

醒腦哲學！

就像一杯水，無法同時冷又熱。我們也不可能同時很喜歡又很討厭、很樂觀又很悲觀，你可以交互想兩件事，但絕不可能在同一時刻想兩件事。

所以，當心情低落的時候，你可以藉由這種方法，以正面的想法來填滿你的心，如此負面情緒就沒有立足的空間。

心中有信任，就沒有空間留給懷疑；當你想著那個人的好，就不會想著他的壞；當你伸出友善的手，就不可能握緊拳頭；當你內心充滿光亮，就不可能繼續留在黑暗裡。

42 對，我會登上梅特隆山的北麓

畫家在畫布上落筆之前，腦海裡必有一幅理想的構圖；建築師設計一座大廈之前，一定已經在心裡看到了這座建築的全貌；作曲家譜出一首曲子之前，心中已經聽到了完整的作品。在你能夠做到一件事以前，你一定要先清楚地在心裡看見它。

研究潛意識的權威，喬瑟夫．馬菲博士認為：大多數被稱為成功者的人，多半會「先看見目標完成」，他們在自己心中反覆上演自己美夢成真的景象。

達成目標之前先「看見目標完成」

奧運金牌得主狄克．浮斯伯利說：「每次參加比賽前，我一定會打起精神，在心裡勾勒一幅景象，『感覺』到那完美、毫無缺點的一跳，然後醞釀著一定會成功的心境去參加跳遠比賽。我的成功來自於心中的想像，和預期一切都完美。」

美國有位奧運花式溜冰選手，她經常會在冰上摔跤，於是教練要她在心裡描繪出自己成功地完成一項高難度的跳躍動作。沒想幾個星期後，她不僅能在腦海中完成雙迴旋跳躍，也能在冰上成功演出。

世界知名長笛家高威也利用類似的策略。他說：「我常在旅館房間內拿出長笛，然後想像演奏會的情況。假設我要到卡內基音樂廳演出，我就在旅館房間假想自己站在卡內基音樂廳舞臺上，開始練習。等我真的到達卡內基音樂廳演出時，就沒有任何問題了。」

許多外科醫生在進開刀房之前，會把過程詳盡地在心裡演練一遍；有些醫師教病人運用想像力，想像他體內的白血球大軍與癌細胞對抗，並戰勝了癌細胞的情景。最後都能得到極佳的成果。

所以，如果你想加速實現願望，或是得到成功，現在就開始發揮你的想像力。

你必須在看見事情成真之前相信它

不久之前，我為一群減重班的學員上課，他們的問題大多是「肥胖」的形象已根深柢固。所以我建議他們閉上眼睛，在腦海裡想像自己變得苗條、輕盈的樣子，然後再進一步想像自己去買心愛的衣物，以及家庭生活和上班的情形。

有些畢業生進入職場常會擔心面試，我也會建議他們預想事情的整個經過，從穿什麼衣服、面試時感覺心情平穩且自信，到他們充分表現自己的能力、足以適任該職位為止。有些學生告訴我，這種心靈扮演非常有效。

扮演就是要嫻熟於「彷彿我是」(as if) 的模式，表現出彷彿我很有魅力、充滿自信、比賽獲勝、到達目的地……等等。你不需要相信眼睛所看到的，但你要看到你所相信的事。

我聽說多年前，一支國際性的探險隊要攀登梅特隆山的北麓，這在當時是前所未有的壯舉。

記者們前去採訪這些來自世界各地的探險隊員。一位記者問這群隊員中的一個說：「你是不是要攀登梅特隆山的北麓呢？」那人回答說：「我會為它付出一切。」另一位記者也以相同的問題問另一位隊員，這位隊員說：「我會盡最大的努力。」之後，記者又問了一位年輕的美國人：「你是不是要攀登梅特隆山的北麓呢？」這位年輕人看了山一眼，然後說：「對，我會登上梅特隆山的北麓。」最後只有一個人登上北麓，因為只有他「看見目標完成」。

醒腦哲學！

布道家舒樂博士（Robert Schuller）說：「有些人愛說：『看了才會相信。』我卻說：『信了才會看見。』你必須在看見事情成真之前先相信，而一旦你相信，你就看見了。」

現在就開始練習。

一、找個安靜的地點。

二、培養平靜的情緒，使自己的意識和身體放鬆下來。

三、向自己重複說出，你希望自己培養出什麼樣積極的行為，或是想實現什麼願望。

四、在腦海中「看」到自己已經達成的樣子。

五、接受這個畫面，並把它想像成生活的一部分。

六、讓自己沉浸在這項新成就所產生的積極感覺中。

當你運用想像的能量，相信未來的美景必會出現時，就會有難以想像的力量湧現，幫助你完成夢想。這就是想像力的魔力。

Part 8

你的所作所為

我們常忽略小問題，
認為「這是一件小事，不會有太嚴重的後果」，
卻沒想到一滴水接著一滴水，也會累積成湖泊。
人如果在小事上不能把持，最終也無法在大事上持守，
就像巨樹被白蟻蠶食，倒下只是遲早的事。

43／習慣不是造就你，就是毀掉你

有個學生，每次見到同學抽菸就躲得遠遠的，因為他知道抽菸有害身體健康，而且被學校發現會被記過處分。

有一次，他與同學一起出遊時，幾個同學又在抽菸，其中一個人邀他一起抽，他拒絕了。那位同學說：「吸一口就好了嘛！吸一口又不會死人。」他禁不住同學一再慫恿，就吸了一口，結果嗆得一把眼淚一把鼻涕。事後他想：「香菸這麼難抽，怎麼還有那麼多人在抽呢？」

幾天之後，那位同學又叫他抽菸，他回答說：「菸很嗆，我不敢抽。」同學就說：「第二次抽就不會那麼嗆了。」他半信半疑地吸了一口，雖然還是很嗆，但確實好多了。這樣經過一段時間後，他也抽起菸來了——習慣成自然。

等覺察有壞習慣時，大多已根深柢固

柏拉圖曾告誡一個遊蕩的青年說：「一旦習慣養成後，就再也無法改變了。」

那個青年回答：「逢場作戲有什麼關係呢？」

柏拉圖正色道：「不，一件事一經嘗試，就會逐漸成為習慣，那就不是小事了！」

沒錯，像是說髒話、發脾氣、找藉口、吃零食、彎腰駝背、抽菸喝酒、賭博吸毒等等，剛開始時都是不經意的，但等到我們覺察自己有這種壞習慣時，大多早已根深柢固；這就是習慣的可怕。

我們自以為崇尚自由，但當我們養成習慣，就會上癮，到時候反而無自由可言，因為我們已成為惡習的奴隸。

不能控制自己的人，便無自由可言

我聽過石油大王保羅・蓋帝的一個故事。

第二次世界大戰期間他駐在法國，有天半夜兩點他醒過來，菸癮犯了。他開燈，自然地伸手去抓他睡前放在桌上的那包菸，結果裡面是空的。他接著搜尋衣服口袋，也一無所獲。

他嘆了口氣，下床穿衣，走到泥濘的街上，外面正下著大雨，離此一哩外的夜間市場才有賣香菸。過了二十分鐘，才走到半路，泥漿已濺得他滿腳都是，他停下腳步，彷彿被閃電擊中一般，他抬頭望著大雨滂沱的天空，朝著隆隆雷聲大叫道：「我這是在幹什麼？」

這是蓋帝第一次意識到習慣的巨大力量，他下定決心，從此再也不吸菸。

早在古希臘時期哲學家畢達哥拉斯即說過：「不能控制自己的人，便無自由可言。」所以，早點克服你的惡習吧，不然惡習最終會將你征服。

醒腦哲學!

一口吃不成胖子，但胖子卻是一口一口吃出來的。

英國劇作家王爾德說：「起初是我們養成習慣，之後是習慣養成我們。」

好習慣不容易養成，一旦養成一輩子受用；壞習慣很容易養成，一旦養成一輩子受制。

好習慣是最好的僕人，壞習慣是最壞的主人。你有權選擇其一。

44／你只需要彎一次腰

你曾有走路時，鞋裡進了一顆小石頭的經驗嗎？你只需要拿掉它就行了，但你若嫌麻煩，就會走得不舒服，嚴重的話還可能腳痛、發炎。

我們曾經多少次讓不該發生的事發生？明知道應該除去，卻假裝它不存在而置之不理；或因一時的怠惰，把原本簡單的事變得很複雜？

我常看到學生原本一次就可以把作業寫好，他們卻不這麼做，而懶散的結果，就是草草了事，最後還被要求重寫；準備期中考只要累一次就好，卻不好好準備，結果除了成績難看，還可能得補考或被當，反而更累。

再如，與人發生誤會，不去處理或澄清，造成彼此心結，後來形同陌路；不按時繳款，最後可能被罰款，甚至留下不良記錄；身體異常不去就醫，演變成大病，必須長期就醫，甚至住院；衣服弄髒懶得清洗，結果時間一久，怎麼洗都洗不掉。

怕麻煩的結果是更麻煩

有個學生白天要上課，晚上還到便利商店打工，回到宿舍往往累得倒頭就睡。生活忙碌加上偷懶，換洗的衣服都直接丟進籃子裡，等到籃子滿了，再一併清洗。

這樣的生活方式維持了半年之久，漸漸他習慣了這樣的生活。

有一天，他發現有些衣物上的汙垢怎麼刷洗都去除不掉，他覺得很懊惱，於是嘗試用強力漂白劑，將這些泛黃的衣物全部放進臉盆，浸泡數小時。雖然白色衣物上的汙垢是有明顯減少，可是卻無法完全清除。

最後他拿到洗衣店，問老闆這種情況該怎麼處理，老闆告訴他說：「只要衣服超過一星期不洗，衣服上的油垢就會慢慢累積，積得越多就越不容易洗乾淨，到最後根本就洗不掉了。」

這就是怠惰的代價——怕麻煩的結果是更麻煩。

如果你想剪掉長髮，分次剪是沒必要的

歌德在他的敘事歌謠裡，曾講過這樣一個故事：

耶穌帶著他的門徒彼得遠行，途中發現一塊破爛的馬蹄鐵，耶穌要求彼得把它撿起來。可是彼得懶得彎下腰，便假裝沒聽見，於是耶穌就自己彎下腰撿起馬蹄鐵，拿到鐵匠那兒換了三塊錢，並用這些錢買了一盒櫻桃。

離開城鎮後，兩人繼續前行，沿途越走越荒涼，彼得的腳步漸漸變慢，不停地用手搧著風、喘著氣。耶穌猜到彼得很渴，就把藏在袖中的櫻桃悄悄地掉出一顆，彼得一見，趕緊撿起來吃。耶穌邊走邊落，彼得也狼狽地彎著腰沿路撿。

最後，耶穌拿出袖裡剩下的最後一顆，攤在彼得面前，笑著說：「如果當初你照我的話做，你只需要彎一次腰，而不用沿路沒完沒了地彎腰。」

可不是嗎？如果你想剪掉長髮，分次剪是沒必要的。

醒腦哲學！

人們逃避痛苦最常用的方法就是拖延，然而拖延行動，並不會讓痛苦減少，甚至還延長痛苦的時間。

想想看，有哪幾件事是你過去一直耽延的？寫下來，然後依照下面的問題回答：

一、為何我一直沒行動？是想到會有什麼痛苦嗎？

二、我之所以一直沉溺在某種負面行為，是覺得有什麼快樂？

三、如果我現在不改，將來可能付出哪些代價？又會有什麼結果？

四、如果我改變，將會得到哪些快樂？

45 再往下想一點

在美國科羅拉多的的隆古斯山上有棵大樹倒下了。

植物學家說，這棵大樹的樹齡已有四百年，當哥倫布發現新大陸時，它只是一株幼苗；當英國清教徒在普利茅斯登陸時，它還只是一棵小樹。

在茁壯成大樹的過程中，它經過十四次雷劈，無數次風雨摧殘，但始終昂然挺立。然而，有一天，這棵聳立山頂的大樹忽然在一聲巨響後，不支倒地。是什麼原因讓它垮掉了呢？

不是風雨，不是雷電，而是小小的白蟻。寄生在樹上的蟻群，鑽進樹中，不斷啃噬侵襲，大樹終於抵擋不住而倒下。如果大樹有知，一定沒有想到它的敵人竟是小蟲。

湖泊是一顆顆水滴累積出來的

我們常忽略小問題，認為「這是一件小事，不會有太嚴重的後果」，卻沒想到一滴水接著一滴水，也會累積成湖泊。

有些人常吃宵夜，雖然明知宵夜對身體不好，還會造成肥胖，卻總想著：「吃一點應該沒關係吧！就算會變胖，到時再減肥就行了！」直到幾個月、幾年過去，發現衣服穿不下、血脂太高，才驚覺事態嚴重！

吸菸對身體有害，大家都知道，可是吸菸者卻自我安慰：「吸一口又不會得癌症，癌症是吸很多年才會得到的。」於是又吸了很多年，因為擔心得癌症，想把它戒掉，這時又安慰自己：「不一定吸菸的人都會得癌症，很多人不吸也得癌症啊。」然後又繼續抽。

我們讀到許多貪汙、詐欺與經濟罪犯的報導，那些人也不是一開始就偷盜一大筆錢，他們通常是由幾百、幾千元開始的，然後才是幾萬元。他們想：「反正拿一點也沒有人會發現。」接著當機會一來，就會在利慾薰心下犯下大案。

「鍋子裡的青蛙」的故事，大家應該聽過。待在鍋子裡的青蛙本來可以跳出來的，為什麼會被煮熟呢？因為水溫一開始並不熱，而是慢慢上升的，等牠意識到太熱已經來不及了。

在小事上不能把持，在大事上也無法持守

一個女生手頭拮据，在報紙上看到一則「應徵會計」的廣告，便去應徵。

她依循地址前往面試地點，才赫然發現是一間色情酒店。她掉頭就想離去，卻被老闆叫住：「別擔心，我們絕不會強迫妳去陪酒，只要單純負責會計工作就好。況且，現在工作不好找，我們會計的薪資比其他公司都高，你可以考慮考慮。」

她想了想，認為老闆說得也有道理，便開始在這家酒店擔任會計。兩個月過去，老闆問這個女生：「要不要考慮轉任服務生？」女生斷然拒絕。

老闆又說：「我們店裡的服務生又不用喝酒，只要端端飲料、清潔包廂就好啦，工作很單純，薪水卻比妳當會計多出一倍。」女生想了想，覺得賺多一點錢也不錯，便轉任服務生。

再過了兩個月，老闆又問：「妳要不要考慮當坐檯小姐？」女生搖搖頭。

老闆說：「妳自己也看到了，我們店裡不強迫坐檯小姐出場，只要穿著漂亮衣服

陪客人唱唱歌、喝喝酒，薪水卻比妳當服務生多一倍，況且還有小費可拿呢！」女生受不了高薪的誘惑，決定轉任坐檯小姐。

又過了兩個月，她看到其他小姐被客人包出場，又拿紅包，又穿名牌，心裡很羨慕，便也跟著下海，很快便成為酒店紅牌。

某天，她聽到老闆對前來應徵的女孩說：「別擔心，妳只要當會計就好，絕對不用陪酒……」她這才發現，自己來應徵會計，也不過是幾個月前的事。

人如果在小事上不能把持，最終也無法在大事上持守，就像巨樹被白蟻蠶食，倒下只是遲早的事。

醒腦哲學！

每個作為都一定會有某些後果，那是在你做的時候就決定的。所以，我們在做任何事之前，請務必「再往下想一點」。

假設你今天抽了一根菸，就想如果每天都抽菸，幾十年後，會有怎樣的後果？

假設你晚上吃宵夜，就想如果每天都這樣吃，我的身材和健康會變得如何？

假設你亂丟一個可樂罐，就想如果每個人都像我一樣，環境會變成什麼樣？

假設你想放棄理想抱負，就想如果我每次都不堅持，人生會是怎樣的結局？

想過了，就去看看自己是否真的要這樣的結果？如果不要，那就改變你的作為吧！

46／最好的介紹信

你可曾凡事盡力做好、見義勇為、樂善好施，但因無人注意到而覺得洩氣？你自動自發整理房間；同學挑毛病時，你沒有和他們鬥嘴；遇到鄰居時，你禮貌地問候；地上的紙屑，你撿起丟垃圾桶；看到老弱婦孺，主動起身讓座……。你做了很多「好事」，卻好像沒人注意到，也沒得到任何好處，真令人失望、氣餒，甚至想放棄算了。

然而你是否想過，當你做壞事，或與人交惡，誰的心情會不好？當你與人為善，做了好事，心情是不是完全不同？是誰感受到這好心情？是你，對嗎？這就是為什麼先聖先賢一再提到美德，美好行為本身即會帶來美好的感覺，你永遠不會覺得後悔，你會覺得後悔，那是因為你有所求。

其實，不必急於讓別人注意，或計算為誰做了什麼；不必為了這些事斤斤計較。因為你做的任何事，都在表達自己，而受益最多的人也是你自己。

你的所作所為，說明你是怎麼樣的人

有篇名叫「最好介紹信」的故事，正好可以傳達我的意思。故事敘述一位先生登報招聘一名員工到他的辦公室做事，約有五十多人前來應聘，但這位先生只挑中了一個男孩。

「我想知道，」他的一位朋友問說：「你為何選擇那個男孩？他既沒帶一封介紹信，也沒任何人推薦。」

「你錯了，」這位先生說：「他帶了許多介紹信。當他走進辦公室時，輕巧地把門關上，說明他做事小心仔細；看到那位殘疾老人進來時，他立即起身讓座，顯示他有禮貌又懂得體貼他人；當我和他交談時，我發現他衣著整潔，頭髮梳得整整齊齊，指甲修得乾乾淨淨。你不認為這些小節就是極好的介紹信嗎？」

就像美國大詩人朗費羅所說：「我們以自己能做什麼來衡量自己，而別人是以我們做了什麼來評斷我們。」我們的所作所為就是最好的介紹信，說明自己是怎麼樣的人。

一根頭髮也有影子，凡事多麼小都不可忽略

記得美國第二十五任總統威廉．麥金萊在決定由誰擔任大使的時候，也遇到類似的情況，他的智囊團提出了兩個學經歷在伯仲之間的候選人。

麥金萊總統一看到名字，完全沒不考慮，就劃掉了其中一個。

原來，在麥金萊還是眾議員的時候，有一回因事外出乘坐公車，正好有位倦容滿面的婦人，手裡抱著一大堆東西，蹣跚地上了車，就站在麥金萊所劃掉的那個人身旁，當時那人把手裡報紙挪了一下，遮住自己的臉，裝作沒看到。

而麥金萊就坐在後座，把這一切都看在眼裡，他看不過去，把位置讓給這個疲憊的婦人。

麥金萊總統後來對人說，這個人大概做夢都不會想到，一個小小的舉動，會使他失去了輝煌的前途和事業。

所以，不必懊惱沒有人注意到你，你要注意的是，自己做了什麼不該做的事，那才是你該懊惱的。

醒腦哲學！

作家肯特．齊思寫了著名的人生原則：「矛盾十誡」。過去三十年來，在世界不同的角落被廣為流傳。在這裡與大家分享：

一、人都是邏輯不通、不講道理、只顧自己的，但不管怎樣，還是要愛人。

二、你做好事，別人說你是為自己打算，但不管怎樣，還是要做好事。

三、你成功以後，會獲得假朋友和真敵人，但不管怎樣，還是要成功。

四、你今天所行的善事，明天就會被遺忘，但不管怎樣，還是要行善。

五、誠實與坦率待人，常使你受到傷害，但不管怎樣，還是要誠實坦率。

六、眼光遠大的人，會被心胸狹隘的小人打擊，但不管怎樣，還是要眼光遠大。

七、人都會同情弱者、只追隨贏家，但不管怎樣，還是要為弱者奮鬥。

八、你多年建立起來的，極可能毀於一旦，但不管怎樣，還是要建設。

九、別人急需幫助，你幫了忙後竟然被他們攻擊，但不管怎樣，還是要助人。

十、你把最好的自己獻給了世界，卻大大受挫，但不管怎樣，還是要獻上最好的你。

47 這就是你和他們之間最大的差別

有位老師帶學生出遊，涉水過河，一不小心跌進一個深窪。他不會游泳，只能在水中一邊拚命掙扎，一邊大喊救命！

這時，一個人正在河邊釣魚，聽到呼喊聲不僅沒有伸出援手，反而收起釣魚竿，轉身就走。

後來多虧學生及時趕到，才救了他一條命。

學生異口同聲地譴責那個釣魚的人：「見死不救！真沒道德！」那人回嘴：「奇怪了，我又不認識他，救他也沒好處，我為什麼要救他？」

學生非常生氣，想繼續和對方理論，卻被老師制止，只能勉強壓抑這股怒氣。

過了不久，那個釣魚的人涉水過河，不小心也跌進深窪。他同樣不會游泳，只好一邊拚命掙扎，一邊大呼救命！

老師和他的學生在河邊散步，聽到呼救聲就快步跑了過去，用一根長竹竿把那人救了上來。等看清救上來的人的面孔，學生都後悔了，說：「早知道落水的是他，我們就不救了！」

老師拍拍學生肩膀，平靜地說：「不，救他，正是我們和他之間最大的區別！」

假如你不做，你就不是你

人常會質疑說：「他對我不好，為什麼我要對他好？」、「他沒幫我，我為什麼要幫他？」卻很少人反過來想，如果你跟他一樣，你們又有什麼不同？

當人們對我們好時，我們也可以對他們好，這很容易。但真正的「好人」是即使別人對他不好，他也會對別人好。

有人可能會說：「要求回報有什麼不對？」當然，沒什麼不對。但如果我們的「付出或給予」只為了「獲得」，不就成了交易或買賣嗎？

這種情形會演變成：「對方回報夠不夠？」如果不夠，你就認為對方不知恩圖報，那你為什麼還要為他付出？為什麼要做吃力不討好的事？

而我的看法是：我們有自己的原則和堅持，那是因為我們知道「我是誰」，所以才會這樣做，這跟別人如何回應無關。

你在定義自己，他也在定義自己

一位修女要為孤兒院募款，因此特地去拜訪一位吝嗇的富翁。當天富翁因為股票跌停，心情不佳，認為修女來得不是時候，大為光火，揮手就打了修女一記耳光。

但這位修女不還手也不還口，只是微笑地站著不動。

富翁更惱火，罵道：「怎麼還不滾！」

修女說：「我來這裡的目的，是為孤兒募款，我已收到您給我的禮物，但他們還沒有收到禮物。」

富翁因修女的態度，大受感動，以後每月自動送錢到孤兒院去。

當你越清楚自己是誰，就越能把問題變成：「我就是這樣的人，因此我心甘情願、無怨無悔。」就像許多當義工的人，他們甚至會選擇別人看來非常辛苦、非常厭惡的事，只要在我們心中覺得這就是自己，那一切都不成問題了。即使別人不感激，甚至責難也沒關係——這就是你和他們之間最大的不同。

醒腦哲學！

你認為自己是怎樣的人？

如果你是「正直」的人，你可以問自己：「如果我很有正義感，我很正直，我會怎麼做？」

如果你是「慈善」的人，你可以問自己：「如果我很有愛心，心胸寬大，我會怎麼處理？」

如果你是一個「教徒」，你可以問自己：「如果我是耶穌，或是佛陀，我會怎麼回應？」

當我們越清楚自己是什麼樣的人，就越不會跟人比較和計較，因為「我就是這樣的人」，不是嗎？

48 你給出什麼，就回來什麼

有個小男孩跟父親走在山中，一不小心跌倒了，他忍不住大叫一聲：「啊！」令他吃驚的是，他聽到一個聲音從遠處山中的某個地方傳來，重覆他的聲音：「啊！」

小男孩好奇地大聲問：「你是誰？」

結果他得到的答案也是：「你是誰？」

小男孩生氣了，大聲吼著：「討厭鬼！」

這次他得到的回答也是：「討厭鬼！」

小男孩好奇地問父親：「這是怎麼一回事？」

父親笑著對兒子說：「兒子啊，注意聽喔！」

父親大吼一聲：「你好嗎？」

結果另一個聲音傳回來的也是：「你好嗎？」

父親又再一次大聲說：「你好棒！」

那個聲音也回答：「你好棒！」

小男孩感到非常詫異又不解，於是父親向小男孩解釋說：「一般人稱這為『回音』，但實際上這是『生命』。」

你怎麼對別人，別人就怎麼對你

我們給出去的，最後都會回到自己身上，這是生命基本的原則。

如果你咒罵，那個咒罵將會回到你身上；如果你對人惡言相向，別人也會對你惡言相向；如果你傷害別人，哪天別人也會回報給你。你怎麼對別人，別人就怎麼對你。

有個廚師在農場掌廚多年，他話不多，總是面帶微笑。每天晚上，在所有訪客用完餐後，廚師還要負責員工的晚餐。農場的牛仔們常喜歡作弄他，像是將地鼠和蛇放在他的床上，或是把蟾蜍丟進他靴子裡。雖然他常被這些惡作劇嚇到，但他總是很快就恢復一貫的冷靜。某天傍晚，當牛仔們搶著去盛廚師煮的湯喝時，其中一位牛仔問：「我們總是逗弄你，但你好像從來不會生氣，為什麼？」

這廚師微笑回答說：「因為我會在湯裡吐口水。」

我們的任何行為都避免不了後果。每個結果都有一個特定的原因，每件事情的發生都有一個理由，這就是所謂的因果法則。

你最後能得到多少，就看你給出多少

你想得到什麼結果，只需要看看別人，他們是怎麼做的，然後做與他們同樣的事。假如你想有更大的成就，你只要照著大成就者的作為，去成就更多的人，你就會獲得更大的成就。這不是奇蹟，而是因果。

凡是你希望自己得到的，你必須先讓別人得到。如果你期望被人關心，就要先去關心別人；你希望得到寬恕，就先寬容別人；你想得到讚美，就先去讚美別人；想得到快樂，就先帶給別人快樂；想得到成功，就先帶給別人成功。己所欲，施於人。當你幫助別人去獲得他們想要的東西，你也必然能獲得自己想要的。

人總以為別人是別人，我是我，我跟別人是分開的；這就是為什麼人很難成功、快樂。

想想看，當你把別人壓低，自己有可能提升嗎？當你過河拆橋，不給人留後路，是不是自己也沒有後路？再想想，當你周遭的人都很悲苦，你能很快樂、很享受嗎？

當每個人都是一張臭臉，你怎麼笑得出來？

所以，孔子說：「己欲立而立人，己欲達而達人。」我快樂，所以希望你快樂；我成功了，所以也要幫你成功。獨享，你只能看到單一色彩；分享，卻可以從別人眼中，看到不同色彩。

當你格局變大，不再局限在自己，你會發現，你的世界突然變大了，一切海闊天空。

醒腦哲學！

幸福不是指什麼好事降臨到我們身上，而是我們做了某些好事；不是指我們從生命裡得到什麼，而是我們為生命帶來什麼。

引述愛爾蘭劇作家蕭伯納的話：「人生真正的歡欣，就在於你自認正在為一個偉大的目標發揮自己；而不是源於獨自發光、自私渺小的憂煩軀殼，只知抱怨世界無法帶給你快樂。」

我建議大家，每天早上出門前，都應該先這麼想過一遍：「今天，我能做些什麼，讓這個世界因我而變得更美好？」

把注意力由「如何從別人身上得到什麼」轉換到「我可以為別人做些什麼」或「有沒有用得上我的地方」。那麼，你將發現你的人緣越來越好，生活越來越快樂，生命的格局越加開闊。

高寶書版集團
gobooks.com.tw

HL 073
格局，決定你的結局（暢銷10週年紀念版）
作　　者　何權峰
編　　輯　余純菁
封面設計　林政嘉
內頁排版　賴姵均
企　　劃　鍾惠鈞

發 行 人　朱凱蕾
出　　版　英屬維京群島商高寶國際有限公司台灣分公司
　　　　　Global Group Holdings, Ltd.
地　　址　台北市內湖區洲子街88號3樓
網　　址　gobooks.com.tw
電　　話　(02) 27992788
電　　郵　readers@gobooks.com.tw（讀者服務部）
　　　　　pr@gobooks.com.tw（公關諮詢部）
傳　　真　出版部　(02) 27990909　行銷部 (02) 27993088
郵政劃撥　19394552
戶　　名　英屬維京群島商高寶國際有限公司台灣分公司
發　　行　希代多媒體書版股份有限公司/Printed in Taiwan
初版日期　2012年1月
二版日期　2020年7月

國家圖書館出版品預行編目(CIP)資料

格局，決定你的結局 / 何權峰著　-- 二版. --
臺北市：高寶國際出版：希代多媒體發行,
2020.07　面；　公分. -- (生活勵志；HL073)

ISBN 978-986-361-875-1(平裝)
1. 修身　2. 生活指導

192.1　　109008603